마지막 수업의 여운

저자
山友林

책임편집
박주열 이필숙

도서출판 다운샘

송하경 교수님의
마지막 수업을 회상하며

2021년 1월 겨울의 추위가 한창 기승을 부리던 어느 날, 友山 선생님으로부터 전화가 걸려 왔다. 선생님께 인사를 올린 지 오래인지라 죄송한 마음으로 전화를 받았다. 서로의 근황에 관해 묻고 답을 주고받던 중, 2013년 2학기 선생님의 마지막 수업 끝에 부여했던 리포트 주제가 기억나느냐고 넌지시 물으셨다. "송하경을 비판하시오" 이미 7, 8년이 지난 일이지만, 매우 파격적인 주제에 몹시 당황했던 터라 그때의 기억은 지금도 생생하다. 박사학위를 받을 때까지 수많은 리포트 주제를 부여받았지만 선생님을 비판하라는 주제는 처음이었기 때문에 더욱 그렇다. 특히 나는 당시 수강생들의 대표로서 학생들의 리포트를 모아 선생님께 전해드렸기에 더욱 잊혀지지 않았다. 선생님은 그때 수강생들이 써 올렸던 리포트에 관해 관심이 많고, 한 권의 서책으로 엮어내도 좋겠다는 생각을 하고 계신 듯 했다. 그러나 확실한 말씀을 주시지 않고, 언제 시간이 날 때 한 번쯤 만났으면 좋겠다는 말씀으로 통화를 마쳤다. 선생님과 통화 후 두세 달이 금세 흘렀다.

학문을 하든 창작을 하든, 서예를 업으로 삼고 있는 서예인들에게 인사동은 놀이터요, 쉼터요, 만남의 장소이며, 때로는 방황의 거리요, 사색의 공간이기도 하다. 나는 만사가 필연으로 이루어지기보다는 우연으로 이루어지는 경우가 더 많다고 생각하는 사람이다. 마침 4월 16일 금요일은 코로나 19의 대유행으로 길어졌던 휴강의 기간을 멈추고, 진즉 몇 해 전부터 시행해 오던 선생님과의 전습록傳習錄 강독을 다시 시작하는 날이었다. 이날 나는 강독이 시작되기 3시간 앞서 인사동을 향하였다. 내가 잘 알고 지내는 지인이 백악미술관에서 전시회를 열고 있다기에 축하도 하고 작품도 감상하기 위해서였다. 미술관에 도착한 지 얼마 되지 않아 우리 둘, 박주열 이필숙의 만남이 이루어졌다. 우연한 만남이었다. 서로 몇 마디 말을 주고받는 사이 우산선생님을 방문하자는데 의견이 일치되었다. 강독이 시작되기 전 우리 두 사람은 운현궁 뒤편에 자리하고 있는 오피스텔 월드의 선생님 연구실 문을 두드렸다. 선생님은 반갑게 맞아주셨다. 이런저런 이야기를 나누던 중 다시 그 마지막 수업의 리포트 이야기가 화제에 올랐다. 선생님은 당시 수강생들의 리포트에서 그들 마음의 진실을 읽었다 하셨고, 차마 그들 리포트를 폐기하기 어렵다고 하셨다. 그 리포트를 버리거나 폐기하는 것은 곧 그 학생들 마음의 진실을 버리는 것이나 다름없기 때문이라는 것이다. 그렇다고 마냥 오래 간직할 수 없고, 오래 간직하자면 선생님의 이름으로 엮어 펴내야 하는데 이 또한 선생님 자신에 관한 학생들의 글인지라 몹시 겸연쩍고 민망스러운 일이라 하셨다. 이에 우리 두 사람은 합창이나 하듯 "우리 두 사람의 이름을 걸고 출간하면 안될까요. 글 내용이야 학생들 각자가 쓴 것이니 우리가 손을 댈 수 없고, 나머지 오탈자만 수정하면 금세 되지 않겠습니까" 우리들 세 사람은 너털웃음으로 책의 출판을 결정하였다.

너털웃음으로 "마지막 수업의 여운"의 출간을 결정한 후 다시금 우리 학우들의 글을 찬찬히 읽으며 그때의 기억을 떠올려보았다. 2013년 9월, 여느 때와 다름없이 새 학기가 시작되었다. 성균관대학교 퇴계인문관 5층 31501호 강의실에는 10여 명의 학생들이 모여 있었다. 이곳에서 진행되는 "한국미학예술학특강"은 원래 유학과에 개설된 수업이었지만 동양철학과, 비교문화협동과정, 무용학과, 소비자가족학과 등 특별한 강의주제에 마음이 끌려서인지 학생들은 새 학기의 설렘과 기대감으로 교수님을 맞이하였다.

수업이 시작되고, 서로 간의 인사를 목례로 나눈 후, 선생님께서 말문을 여셨다. 전북대학교와 성균관대학교에 재직하는 동안 많은 햇수에 걸쳐 강의를 해왔는데, 이번 학기를 마지막으로 대학 강단에서 내려오시겠다는 것이다. 이번 수업이 대학 강단의 정규수업으로는 마지막이라는 것이다. 1971년 전북대학교 강사로 3년, 1974년 전북대학교 전임으로 부임한 후 11년, 1985년 3월 성균관대학교 유학대학 유학과 교수로 부임하여 2008년 2월 퇴임하기까지 23년, 2008년 3월 성균관대학교 명예교수로 5년을 강의하셨으니 총 42년을 대학 강단에서 생활하신 셈이다.

선생님은 정년 퇴임 이후에도 명예교수로서 대학원생들의 논문을 지도하고, 강의를 계속하셨다. 학생들에 대한 열정이 남다르고 여전히 건강하셨기에 앞으로도 계속해서 수업을 듣고자 했던 학생들은 몹시 당황스럽고 매우 아쉬웠지만 마지막 수업을 함께 할 수 있었다는 것만으로 아쉬움을 달랠 수밖에 없었다.

> "돌이켜 보니 첫 강의는 긴장도 되고 정신이 없어서 그런지 잘 기억나지 않습니다. 그러나 마지막 강의는 오래오래 기억할 수 있을 것 같습니다. 수강하신 학생 여러분들의 얼굴과 이름을 오래 기억하고 싶습니다."

이렇게 해서 우리는 선생님 마지막 수업의 수강생이 되었고, 여느 때와 다름없는 열정적인 강의를 들을 수 있었다. 한 학기가 끝날 무렵 마지막으로 주문하신 리포트 과제는 "송하경에 대한 비평문 쓰기", 즉 "송하경을 비평하라"였다. 지금 생각해보면, 오랜 세월에 걸쳐 동양철학, 특히 양명학, 서예 등에 관해 연구하고 글을 쓰시면서도 선생님 스스로를 되돌아보고, 타인에게 비친 선생님 자신의 모습을 헤아려보지 못하신 듯

했다. 그리하여 40여 년에 걸친 강의 활동을 마무리 지으면서 수강생들의 마음과 생각으로 쓰인 글을 통해 자신을 돌이켜 보고 자신의 모습을 비춰보고 싶으셨을 거라 생각된다.

드디어 마지막 수업일을 맞이했다. 선생님은 강의를 모두 마치자 출석부에 있는 수강생들의 이름을 하나하나 부르셨다.

"김미례, 김민지, 김서현, 김윤주, 김정은, 김진구, 박경희, 박주열, 오도열, 윤여태, 이필숙, 장경석, 최병규, 한상일, 홍효정"

선생님이 첫 수업시간에 말씀하신 바처럼 수강생 한 사람 한 사람의 얼굴과 이름을 모두 기억하시려는 듯 했다. 그리고는 이어서 나지막이 정중하게 말씀하셨다.

"한 학기 동안 많은 횡설수설로 여러분들의 마음과 귀를 불편케 하였습니다. 그러나 나는 한 학기 내내 여러분들이 바라봐 주고 있다는 착각 속에 너무 행복했습니다. 멀고 어려운 여러분들의 학문 도정에 언제나 행운이 함께 따르기를 축원하겠습니다. 감사합니다."

선생님은 고별의 인사를 마치자 여유로운 모습으로 강의실을 떠나셨다.

선생님, 마지막 수업을 함께한 우리도 너무 행복했습니다.
선생님, 당신의 마지막 모습을 잊지 못할 것입니다.

2021. 11. 7

공동편저자 대표 박주열 · 이필숙

새로운 신화의 탄생

나는 자랑할 게 하나도 없는 사람이라 평생을 있는 듯 없는 듯이 뒷전에서 살고자 했다.

늘그막 여든 살이 되어 8, 9년 전 우연히 얻은 자랑거리 하나를 금세 터질 듯한 보자기 하나에 싸서 슬며시 세상에 내놓는다. 이름하여 왈曰, 『마지막 수업의 여운』이다.

나는 오래 전 어느 때부터인가 나의 뒷모습이 궁금했고, 타인들에게 비추어진 나의 정체가 몹시 궁금했다. 세월이 흘러도 궁금증은 풀리지 않았다.

나는 한때 단군신화檀君神話 속에 감춰진 미학적 은유隱喩(metaphor)를 찾아보기 위해 신화에 관한 여러 서책을 읽던 중 내 나름의 깨달음을 얻은 바 있었다. 신화 창조의 주체는 우리 인간이기에, 우리 인간의 감정과 우주 생명이 교차하고 있는 지금 이 순간에도 신화는 계속 창조 · 탄생되고, 나와 마주하고 있는 한 사람 한 사람의 열정어린 무자기적無自欺的 진실된 삶 자체가 모두 신화요, 나에 대한 그들의 진실된 생각과 말 한 마디 한 마디가 모두 나를 읽어주는 미학적 은유이자, 나의 정체를 밝혀주는 직접적 수단이라는 사실이다. 그렇기에 신화는 반드시 신에 관한 이야기, 또는 먼 옛날의 이야기로만 머무는 것이 아니라, 지금 마주하고 있는 당장의 삶과 생명의 진실에 대한 이야기로 진화되는 것이다. 이 어찌 21세기적 새로운 신화의 창조요 탄생이 아니겠는가. 신화는 결코 실

없는 허명虛名이나, 가식으로 날조된 권위權威로부터 창조 · 탄생되지 않는 것임을 알겠다.

마침 2013년 12월은 내 인생의 40년에 걸친 대학 강단활동을 접고 하단하는 마지막 학기였다. 그해 12월 둘째 주 한 학기 내내 강의와 담론의 주제였던 「한국 미학 · 예술학 특강」을 마무리 짓고, 지난날 신화에 대한 내 나름의 깨달음에 힘입어 수강생들에게 리포트(report) 주제를 부여했다.

> "송하경을 비평하시오. 이 송하경에 대해 보고, 알고, 듣고, 느낀 점을 여러분들의 생각에 따라 정리된 글로 가감 없이 비평하여 주시면 더없이 고맙겠습니다. 나에 관한 그 어떤 생각, 어떤 말을 하든 결코 여러분들께 불이익은 없습니다. 정말 부탁입니다. 그리고 여러분들이 잘 아시는 바와 같이 나는 컴퓨터를 사용하지 않습니다. 수강생 여러분들 대표가 모두 모아서 나에게 전해주시면 고맙겠습니다." 그리고는 다시 목소리의 톤을 낮추어 마지막 수업의 인사를 건넸다. "한 학기 동안 주전 없는 횡설수설로 여러분들의 마음과 귀를 괴롭혔습니다. 너무 미안합니다. 그러나 나는 여러분들이 나를 바라봐 주고 있다는 착각 속에 너무 행복했습니다. 어느 다른 날 혹 길거리에서 마주치는 일이 있거든 외면하지

마시고 말을 걸어주시면 더없이 반갑겠습니다. 여러분들의 어렵고 먼 학문 길에 언제나 행운이 함께 따르기를 기원하겠습니다. 감사합니다."

수강생 대표를 통해 전해온 나에 대한 평문을 읽고 또 읽었다. 그리고는 책표지 머리에 「그 사람 그 생각」이라는 임시 책명을 얹혀 한 권의 서책으로 가제본한 후, 책꽂이 맨 위 칸 모서리 쪽에 잘 모셔두었다. 그 후 7, 8년이 지난 2021년 봄을 맞이했다. 다시 꺼내 열독한 후 고민에 빠졌다. 이 글 모음집을 폐기하느냐, 오래 전하느냐의 문제 때문이었다. 폐기하는 것은 글 쓴 학생들의 진심을 버리는 일이요, 오래 전하는 것은 내 스스로가 부끄럽고 민망한 일이었다. 어느 날 박주열, 이필숙 두 분 박사와 소통할 기회가 있었다. 이런저런 대화를 나누던 중, 어느 사이 나의 고민을 눈치 차린 두 박사에 의해 나의 고민은 의외로 쉽게 풀렸다. "진정성이 가득 담긴 아름다운 글일수록 오래 간직되고 길이 전해져야 하지 않을까요? 소중한 글이기에 저희들 이름을 대표로 내걸고 엮어낸다면 좋지 않을까요? 그렇게 하겠습니다."

나는 임시로 가제본하여 보관하고 있는 「그 사람 그 생각」이라는 책명이 그리 마뜩지 않았다. 본시 책명이란 책의 의도하는 바의 참뜻을 한 주제 속에 함축하고 있어야 하기 때문에 더욱 어렵고 소중하지 않을 수가 없다.

나는 고심에 고심을 거듭했다. 드디어 『마지막 수업의 여운』이라 잠정暫定하고, 나와 3살 터울의 바로 아래 아우님 송하춘宋河春 교수와의 상론相論을 거쳐 어렵사리 확정했다. 이름하여 왈曰, 『마지막 수업의 여운』이다.

『마지막 수업의 여운』을 도맡아 엮어주신
박주열 박사님! 고맙습니다.
이필숙 박사님! 고맙습니다.

나에 관해 진심어린 평문을 써 주시고, 게재를 허락하여 주신 2013학년도 2학기 「한국 미학 · 예술학 특강」 수강생 여러분! 고맙습니다.

그리고 이 책의 출판을 쾌히 승낙해주신 도서출판 다운샘의 김영환 사장님! 고맙습니다.

글쓴이들의 학창시절 추억을 되살리고자 성균관 명륜당 뜨락의 샛노란 가을빛 은행나무로 장정을 가꾸어주신 남영임 실장님! 고맙습니다.

나와 시공을 함께하며 삶을 나누는 모든 분들! 고맙습니다.

모두 모두 행복 누리시면 참 좋겠습니다.

2021. 11
송하경 적다.

여적餘滴 :

이 책을 읽는 이들의 작은 흥취를 북돋기 위해 여기 또 하나의 작은 여운餘韻을 글로 적어 남긴다.

나는 글쓰기에 관한 한, 혹 미심쩍은 데가 있으면 3살 터울의 바로 아래 아우 송하춘 교수(1971년도 1월 첫날 조선일보 신춘문예 소설로 장원하여 문단에 등단. 문학박사 취득 후 평생을 고려대학교 국문학과에 재직, 문과대학장 역임, 명예교수)와 가끔 상의하는 경우가 있다. 본 서책의 이름을 짓는 일도 예외는 아니었다.

2021년 5월 4일 오전 11시 15분, 나는 밑도 끝도 없이 송하춘 교수에게 문자를 보냈다.

"송교수! 무탈하죠?
오늘도 컴퓨터 들고 그 찻집에 나왔어?
책 제목을 『마지막 수업의 여운』이라 하면 안 될까요?"

오전 11시 22분, 나는 다시 또 하나의 문자를 보냈다.

"아님 「마지막 수업의 여백」은?"

오전 11시 28분, 내가 보낸 문자에 대한 답이 왔다.

"종鍾이 정타를 맞고 나면 웅~하고 오래 울리는 여음을 뭐라고 따로 부르는 말이 있는데, 생각이 안 나서…. 조금만 기다려 봐요."

오전 11시 30분, 내가 다시 문자를 보냈다.

"운향韻響이 아닐까?"

오전 11시 42분, 답이 왔다.

"아니고, 순수 우리말처럼 생긴 건데, 그거 물어볼 사람이

전화를 안 받아요. 좀 기다려 봐요."

오전 12시 38분, 다시 답이 왔다.

"맥놀이, 마지막 수업의 맥놀이"

오전 12시 41분, 다시 또 한 번의 답이 왔다.

"여백 보다는 여운이 낫고요."

오전 12시 54분, 다시 문자를 보냈다.

"맥놀이? 의미는 괜찮은데, 여운보다는 좀 생소해요."

오전 12시 57분, 다시 답이 왔다.

"그래요. 여운이 좀 약하긴 하지만, 그래도 이만하면……"

오전 3시 2분, 나는 다시 문자를 보냈다.

"그럼, 『마지막 수업의 여운』으로 정할게."

오전 3시 5분, 다시 문자의 답이 왔다.

"축! 문전성시!"

오전 3시 7분, 나는 다시 문자를 보냈다.

"보내준 문자에서 '문전성시' 가 뭔 뜻이야?"

오전 3시 20분, 다시 답이 왔다.

"책 엄청 팔리라고요."

오전 3시 43분, 나는 다시 문자를 보냈다.

"파는 책도, 팔리는 책도 전혀 아니여, ㅎㅎㅎ"

이틀이 지나 사흘째 되는 5월 7일 금요일 오후 2시쯤, 뜬금없이 송하춘 교수로부터 소포 하나를 부쳐왔다. 뜯어보니 뜻밖에도 송교수가 지은 『왜 나는 소리가 나지 않느냐』(천년의 시작, 2021.2)라는 책명의 아담한 시문집이었다. 소설집은 여러 차례였지만 시문집은 처음인 듯 하였다. 송교수의 철학적 사상이 담긴 수필과 시를 함께 섞어 아우르며 쓴 독특한 작법의 글이었다. 그리 크지도 않은 얇은 부피의 책이라서 금새 몇 편의 글을 읽을 수 있었다.

이날 5월 7일 오후 6시 34분, 축하의 문자를 보냈다.

> "가재남산인! 『왜 나는 소리가 나지 않느냐』, 잘 받았어요. 글쓰기 형식과 그 표현하고자 하는 사상성이 예전과는 아주 다른 듯 하던데! 결국 인생이란 장자莊子의 소위 호접몽蝴蝶夢과 같은 거 아냐." "예전엔 미처 몰랐던 아름다운 이름 정한숙! 잠시 읽어보니 가슴이 짠해요. 바쁜 중에 소중한 책 보내줘서 고마워요, 그리고 축하해요!"

오후 6시 40분, 송교수로부터 답이 왔다.

> "고마워요. 이번에는 글 깡을 좀 부렸더라고, 누군가 말하더군요."

5월 8일 토요일 오후 6시 13분, 내가 읽은 송교수의 문장 중 약간 어색한 점이 있는 듯 하여 문자를 보냈다.

> "오죽하면 나는 소리 하나를 내고 싶어서 끓는 물에 아기를 던졌습니다. 나는? 좀 어색하지 않아?"

의문의 문자를 보낸 지 하룻밤을 지나 5월 9일 일요일 오전 6시 2분, 송교수로부터 답이 왔다.

"말이 되지요?"

"어제는 양ㅇㅇ, 이ㅇㅇ 교수와 대모산 아카시아 꽃구경 다녀왔습니다."

"꽃은 고운데 사람이 너무 늙었습니다.
귀는 꽉 막혀갖고 자기 말들만 그칠 줄을 몰라요. ㅎㅎ
건강하세요."
하춘

나는 이 문자를 읽자마자 아무도 없는 텅 빈 방안에서 좁은 허공을 향해 얼마나 웃었는지 모르겠다. 문자 내용이 하도 우스워서, 웃음이 그쳐질 때까지 한없이 웃었다. 그리고는 다시 울음이 그쳐질 때까지 소리 없이 엉엉 울었다. 마음이 뻥 뚫렸다. 정말 후련하고 행복한 순간들이었다. 깜짝 사이 평상심이 회복되었다. "귀는 꽉 막혀갖고 자기 말들만 그칠 줄을 몰라요." 그렇다. 사실이 그렇다. 인간 대부분은 자신들의 귀를 막거나 귀가 막힌 듯이, 자신들의 마음을 닫거나 마음이 닫힌 듯이 타인들의 말과 생각을 들으려 하지 아니한다. 우리 인간사회 소통부재疏通不在의 원인은 바로 이로부터 비롯되는 것 아니겠는가. 그래, 나도 역시 마찬가지야!

나는 자랑할 게 하나도 없는 지라, 있는 듯 없는 듯 저만큼 뒷전에서 살렵니다.

2021. 11. 7 입동절에
송하경 여적의 글을 부치다.

목 차

01

그 사람, 우산 송하경

박주열
유학과 박사2기

들어가며

내가 그를 처음 만난 것은 성균관대학교 유학대학원 동아시아사상 · 문화학과 서예학전공으로 입학한 첫해인 2010년 3월 어느 날 저녁 퇴계인문관 5층 31501호 강의실에서였다. 대면을 한 것은 이 때가 처음이었지만 그의 이름은 진작 들어 알고 있었다. 내가 지금 서예를 하고 동양미학을 공부하는 것은 어쩌면 그의 덕분이라고도 할 수 있겠다. 어려서부터 서예를 배웠던 나는 고등학생이 되어서 공부를 핑계로 붓을 놓았다. 그리곤 열심히 공부하여 성균관대학교에 입학하였다. 여느 신입생들과 마찬가지로 동아리방을 여기저기 기웃거리던 나는 '성균서도회'라는 서예동아리에 들어가게 되었다.

2003년 당시 동아리가 40주년을 맞이했다는 이야기를 듣고 적지 않게 놀랐던 기억이 난다. 그리고 그 동아리를 창립한 분이 1대 선배이자 초대회장을 맡으신 우산友山 송하경宋河璟 선생님이라고 했다. 내가 그의 이름을 처음으로 접한 순간이었다. 그때까지만 해도 그를 만나게 될 것은 생각도 하지 못했었다. 그리고 지금 감히 그에 대한 비평을 하자니 어떠한 이야기부터 꺼내야 할지 막막하기만 하다. 그러나 이것이 그가 그 자신을 되돌아볼 수 있는 계기가 된다면 기꺼이 해볼만 하다고 생각한다.

서예 발전의 선구자, 우산

그를 생각하면 떠오르는 단어는 '처음'이다. 그가 처음으로 한 일은 한두 가지가 아니다. 그의 대학교 3학년 ROTC 후보생

시절인 1963년, 성균관대학교의 서예동아리인 성균서도회를 창립하였다. 다른 사람들에게는 한 대학교에서 동아리를 만들었다고 하는 것이 그리 큰일이 아닐 수 있다. 그러나 나에게는 그 동아리의 존재가 나의 꿈과 진로를 결정짓게 만든 크나큰 이유이다. 미래에 대한 확신이 없고 특별한 꿈도 없던 20대의 나는 마치 망망대해에 목적지를 잃고 표류하고 있는 배와 같은 존재였다. 그러나 그런 나에게 등대처럼 길안내를 도와준 것이 바로 성균서도회였고, 그것이 바로 그가 만든 동아리였던 것이다. 그러므로 직접적으로 '그는 나에게 등대와 같은 존재이다.' 라고 말할 수는 없겠지만, 분명히 그는 나에게 큰 의미를 가진 존재라고 할 수 있다. 그래서 내가 지금 가고 있는 길에서 그가 40여 년 전에 남겨놓은 자취를 느끼곤 하는 것 같다.

그뿐만이 아니라 1989년에는 한국서예협회를 창립하였다. 전국을 돌아다니며 특강을 하고, 수많은 서예인들의 서명을 받아 서예가 한 분야로 인정받을 수 있도록 미술협회로부터의 독립을 이루고자 하였다. 협회를 창립한 이후에는 초대이사장으로서 그 막강한 권세를 누리려 하지 않고 한발 물러나 일체 관여를 하지 않았으니, 실로 대단한 일이 아닐 수 없다. 그러나 20여 년이 지난 지금, 그가 의도한 것이 아니더라도 한국서예협회가 창립된 이후, 각종 서예 관련 협회들이 우후죽순처럼 생겨나고 공모전을 시행하여 많은 부정부패가 일어나고 있는 것을 협회의 창립까지만이 나의 역할이었다며 외면해서는 안 된다고 생각한다. 어쩌면 그는 때를 기다리고 있거나 그것을 감당할 수 있는 '백마 타고 오는 초인' 을 기다리고 있는 것인지도 모르겠다.

또, 그가 유학시절에 양명학을 깊이 공부하고 한국에 돌아왔을 때 주자학 일변도의 한국 유학계에 새 바람을 일으켰던 듯하다. 한국에 양명학을 주제로 다루는 학회가 없다는 사실을 자각하고 1995년에는 한국양명학회를 창립하여 초대, 2대 회장을 역임하였다. 그가 학자로서도 시대의 흐름을 읽고, 배움에 대한 남다른 열정으로 선구적인 역할을 했음을 보여준다.

그 이듬해인 1996년에는 세계서예전북비엔날레를 설립하였으며, 제1, 2, 3대 조직위원장을 역임하여 세계의 서예인들이 대한민국을 주목하게 만들었다. 이 비엔날레는 현재까지도 이어오고 있으며, 각국의 서예인들이 다수 참여하며 그 명맥을 세차게 이어나가고 있다. 누구나 한번쯤은 생각해봤을 법한 일이지만 그는 생각에만 그치지 않고 그것을 적극 실천하여 남들이 하지 못했던 일을 이룸으로써 자기 스스로도 성취감을 느끼고 자부심을 느꼈을 것이다. 그뿐 아니라 비엔날레에 참가하는 서예인들로 하여금 뿌듯함을 느끼게 한다.

1998년에는 한국서예학회를 창립하여 초대회장을 역임했으며, 1999년에는 한국동양예술학회를 창립하여 초대, 2대 회장을 역임하였다. 두 학회 모두 한국양명학회와 마찬가지로 전에 없던 분야의 학회를 만듦으로써 서예 및 동양예술의 학문분야에 활기를 불어넣었다. 두 학회는 모두 20여 회의 학술대회를 개최하였고, 20여 권의 학술지를 발간하였다. 또한 2013년에는 두 학회의 학술지가 모두 한국연구재단의 등재지가 되는 쾌거를 이루었으니, 서예 및 동양예술을 전공하는 사람들이 자신의 분야를 연구하여 발표할 수 있도록 좋은 자리를 마련해 주었다.

그의 학회 창립은 거기에 그치지 않고 2007년에는 한국서예비평학회를 창립하였다. 누군가를 비평한다는 것은 매우 어려운 일이다. 그것도 사승관계와 선후배관계를 무척이나 중시하는 서예계에서는 더더욱 어려운 일이다. 자칫 글 한번 잘못 썼다가 발 디딜 곳조차 없어질지도 모른다. 그러나 그는 그러한 주변인식에 아랑곳하지 않고 '비평 없이 어떻게 서예가 발전할 수 있겠는가?'라는 생각으로 서예비평학회를 창립하였고, 2007년부터 지금까지 계속해서 학회장을 맡아 학회를 이끌어 나가고 있다. 한국연구재단의 등재지는 아니지만 꾸준히 학술지 「서예비평」을 발간하여 이미 12호에 이르렀으며, 학술대회 역시 어느 학회보다도 회원들의 참여가 많아 활발하게 열리고 있다.

이처럼 그는 언제나 남들보다 한 발 더 앞에 나아가 있었다. 다른 사람들이 현실에 안주하고 있을 때에 그는 시대의 변화를 감지하고, 지식인으로서 그의 사명감을 자각하고, 선구자로서 그의 역할을 충실히 수행하였다. 그러나 그의 의견에 동의하고 동조하던 이들이 현실에 타협함으로써 그가 꿈꾸었던 이상이 반쪽짜리 실현으로 끝나버린 적도 있었다. 그러나 거기서 모든 걸 포기하고 좌절하였다면 지금의 그는 없었을 것이다. 지금의 서예를 비롯한 동양예술 및 동양미학이 발전하는 데 초석을 다진 것이 바로 송하경이었다.

우산의 신서예정신

앞서 이야기하였듯이 그는 시대의 변화를 감지할 줄 아는 예술가이자 학자이다. 그가 정의하는 시대란 다음과 같다.

> 시대란 일반적으로 인류사회의 장구한 역사 발전의 과정 중 역사적으로 특정되는 시기를 가리키며, 과거 전통의 정수가 부

단히 계승 · 재해석되면서 새로운 미래가 열리는 역사 발전의 내용에 따라 구분되는 특징이 있다.[1)]

그가 정의한 바와 같이 시대라는 것은 긴 역사 속에서도 역사적으로 특정되는 시기를 가리키는 것이다. 지금 우리가 살고 있는 현재는 사실 어떤 시대에 속하는지 알 수 없는 것이고, 다만 후세에서 결정지어질 것이다. 그리고 그 시대를 바꾸는 것은 그 시대를 주재하는 정신경향, 즉 시대정신이 좌우하는 것이라 할 수 있다. 그렇다면 그가 정의하는 시대정신은 무엇인가?

시대정신이란 역사 발전의 과정상에서 어느 한 역사적 시대를 주재하는 정신 경향을 가리킨다. 다시 말하면 한 시대의 모든 文化를 일관되게 집중시켜가는 정신적 경향이라고 하겠다.[2)]

나는 감히 그가 시대의 변화를 감지했을 뿐만 아니라, 시대를 변화시키는 데에도 큰 역할을 하고 있는 것이라 생각한다. 왜냐하면 그는 항시 새로운 것에 대해 갈망하고 새로운 것을 연구하고 펼칠 수 있는 장을 마련하였으며, 그의 행보를 긍정하고 따르는 후학들과 후배 예술가들이 많이 생겨나고 있기 때문이다. 그렇다고 한다면 적어도 서예 혹은 동양미학 분야에서는 그의 정신이 곧 시대정신이 되어가고 있는 것이 아니겠는가? 물론 그가 자신의 생각을 후학들에게 강요하는 것은 아니다. 그는 강의 중에 자신의 어떠한 생각을 이야기할 때 '이것은 순전히 나의 생각일 뿐'이라는 말을 종종 덧붙이곤 했다. 그것은 곧 나는 이렇게 생

1) 송하경, 『신서예문화정신과 신속미주의서예』, 우산 송하경 서예전 도록, 2008.
2) 송하경, 『신서예문화정신과 신속미주의서예』, 우산 송하경 서예전 도록, 2008.

각하지만 다른 사람은 당연히 다른 생각을 하기 때문에 내 생각이 꼭 옳다고 생각하지 말라는 말일 것이다. 그러나 그럼에도 불구하고 그의 생각에 동의를 하고 그와 뜻을 함께 하고자 하는 사람이 생겨난다는 것은 그의 생각이 남들보다 한발 앞서있고 대다수의 사람들이 틀리지 않았다고 여기는 것이 아닐까? 그런 점에서 그가 직접적으로 이 시대를 변화시키고 있다고 말할 수는 없겠지만, 시대가 변화되어가는 전환점에서 새로운 시대정신을 확립해 나가는 데에 큰 몫을 하고 있는 것이 아닌가 생각한다.

그는 서예에 대해 남다른 애착을 가지고 있는 듯하다. 그것은 아마도 부친의 영향이 클 것이다. 그는 직접적으로 사사한 스승이 없다. 하지만 굳이 꼽으라면 그의 부친을 꼽을 것이다. 서당 개 삼년이면 풍월을 읊는다고 하였는데, 그는 평생을 어깨너머로 그의 부친을 배웠을 것이니 그 영향이 적다고는 못 할 것이다. 우리나라에도 서예인구는 상당하다. 하지만 그 누구에게 서예가 무엇인지 정의해 보라고 할 때에 선뜻 대답할 수 있는 이는 없을 것이다. 하지만 송하경은 다음과 같이 서예를 정의하였다.

> 서예는 서예다. 서예는 서書의 도道 · 서書의 법法 · 서書의 예藝를 구체적으로 통일 · 실현하는 서書의 예술이다. 서예는 시각중심적 조형활동의 가장 기저가 되는 공간형식을 배경 삼아, 지知 · 정情 · 의意가 일체화된 열린 마음으로서의 순수주관본체심이 서사도구와 서도 · 서법과의 합일로 이루어내는 문자쓰기행위 과정상에 순간순간의 일회성적 시간의 절주형식을 개입시켜 당장의 자기진정의 개성과 자유를 표현하는 문자쓰기조형예술이다.[3)]

3) 송하경, 『서예미학과 신서예정신』, 다운샘, 2003, 232쪽.

그의 저서들을 살펴보면 위와 같은 정의를 여러 군데에서 찾아볼 수 있다. 하지만 시간이 지나면서 조금씩 변해온 것을 발견할 수 있다. 위의 정의는 그의 저서 『서예미학과 신서예정신』(다운샘, 2003)을 참고하고 2013학년도 2학기 성균관대학교 일반대학원 유학과 '한국 미학 예술학 특강' 강의에서 그가 수정하고자 한 것을 반영하여 옮긴 것이다. 그 중에서도 내가 가장 마음에 드는 부분은 '서예는 서예이다.'라고 한 부분이다. 왜냐하면 서예를 정의하기에 앞서 서예가 하나의 독립된 예술분야로 단정지어서 말하는 것 같기 때문이다. 서예를 예술로 인정하지 않는 사람도 있고, 그저 조형예술의 한 분야라고 생각하는 사람도 있을 것이다. 그러나 예부터 서예는 그냥 서예로서 존재해오던 예술행위이다. 그것을 한마디로 표현하는 것이 '서예는 서예이다.' 라는 말이라 생각한다. 그가 늘 새로운 것을 갈망하고 추구하지만 결국 그 내면에는 본연의 서예를 간직하고 있다는 것을 알 수 있다. 새로운 것을 추구하면서도 본연의 서예를 버리지 않는 것, 옛것을 완전히 버리지 않고 새로운 시대에 맞게 변화된 서예를 추구하는 것, 그것이 그가 말하고자 하는 신서예정신이 아닌가 생각한다.

나가며

누구보다 서예를 사랑하고, 서예인들을 아끼며, 누가 시키지 않았는데도 앞장서서 서예가 발전해나갈 방향을 모색하였던 그도 아직은 그 나아가야할 방향과 나아갈 수 있는 방법을 찾지 못한 듯하다. 아니 방향과 방법은 설정하였지만 아직은 그것이 옳은 것인지에 대한 확신을 가지지 못하여 그것이 아직까지 드러나지 않은 것인지도 모르겠다. 하지만 곁에서 지켜본 그의 모습은 서예에 대한 확고한 신념이 있으며 학문에 대한 본인만의 철학이 있기 때문에 지금 당장은 아니더라도 언젠가는 드러날 것이라 생각한다. 지금의 나는 예술과 학문이 모두 미진하여 그의 뒤를 따를 수 있을지 모르겠지만 그가 사랑하는, 또 내가 사랑하는 서예가 조금이라도 발전할 수 있고 사람들에게 좋은 인식을 남길 수 있다면 내가 할 수 있는 모든 노력을 다 할 것이다. 그것이 내가 그에게서 배운 가장 큰 교훈이 아닌가 생각한다.

문득 그가 2013학년도 2학기의 첫 강의시간에 했던 말이 기억난다. '첫 강의는 긴장도 되고 정신이 없어서 잘 기억나지 않지만 마지막 강의는 기억할 수 있을 것 같고, 수강하는 학생들의 얼굴, 이름을 계속해서 기억하고 싶다'는 그의 말이 아마 모든 학생들의 마음을 울렸을 것이다. 그리고 마지막 강의의 말미에 '나의 착각이겠지만 여러분들이 나를 바라보고 있다는 생각에 강의하는 것이 너무 행복했다.'라고 한 말이 기억에 남는다.

누구에게나 처음은 있다. 그것이 세상 사람들이 아무도 하지 않은 처음일 수도 있고, 모두가 경험해 본 일이지만 나에게만 처음인 경우도 있을 것이다. 내가 누군가에 대해 비평을 쓰는 것은 처음 있는 일이다. 부족한 글재주로 그의 심기를 불편하게 만든 것은 아닌지 걱정도 된다. 하지만 한편으로는 나의 솔직한 감정을 담아 그에 대한 생각을 남기는 것 또한 그에게나 나에게나 큰 의미가 될 수 있을 거라는 생각이 들기도 한다. 누구에게나 처음은 중요할 것이다. 나에게도 처음으로 동양미학이라는 학문을 가르쳐준 사람이 있다. 그가 바로 송하경이다. 그가 수십 년간 온

축해온 지식과 경험들을 한꺼번에 다 받아들이지는 못하였지만, 옆에서 배우고 지켜봐왔던 얼마 안 되는 시간들도 내 앞날의 큰 밑거름이 되어 미래에는 거대한 열매가 되어 나에게 돌아올 것이라 생각한다. 그날이 올 때까지 부단히 정진할 것이며, 그동안 가르쳐주신 은혜에 감사함을 표하며 이 글을 마치고자 한다.

선생님, 고맙습니다.

02

우산 송하경의 신서예문화정신과 인문학적 리더쉽

이필숙
유학과 박사4기

스티브 잡스와 우산의 서예사랑

> "논자는 스티브 잡스(Steve Jobs, 1955-2011)의 생전, 그에 관해 거의 관심이 없었으나, 그의 죽음과 함께 서예 사랑이 언론에 보도되면서 그를 기억하고 조금은 관심을 가질 수 있었다. 보도에 따르면 그는 청년 시절부터 서체 또는 서예에 매우 흥미를 느끼고 있었으며, 그의 이런 흥미가 그의 기업경영과 일상적 삶에 크게 영향을 미쳤다. 논자 역시 서예를 매우 사랑하고 즐기는 사람으로 그에 대해 관심이 없을 수 없었다."[1)]

2012년 12월 우산 송하경友山 宋河璟(1942-, 이하 '우산')은 21세기 경영인 클럽 조찬간담회 강연에서 서예와 스티브 잡스(이하 '잡스')라는 인물로 말머리를 열고 있다. 아마 잡스와 우산의 사이에는 평소 그가 사랑하고 즐기는 서예라는 공통분모에 동질감을 느꼈기에 저절로 우러나온 애정과 경의의 표현이었을 것이며, 그런 까닭에 관심을 가질 수밖에 없었을 것이다.

언론 보도에 의하면 잡스는 매우 극단적으로 평가되고 있다. 한쪽에서는 성격의 파탄자라면서 일하기 힘든 사람이라고 비난을 받는데, 이는 잡스의 리더십이 극단적인 성향을 띠고 있기 때문이라고 한다. 그러나 잡스의 평가가 이렇게 극명하게 갈리는데도 불구하고, 2010년 그래스도어닷컴에서 실시한 '최고의 CEO'를 묻는 설문조사에서 그는 미국 IT업계 1위로 등극한다. 2007년 세상에 아이폰이라는 명기名機를 들고 나와 세상을 깜짝 놀라게 했던 그가, 2010년에는 버튼이 덕지덕지 붙어 있는 기존의 휴대

---

1) 송하경, 「동아시아 인문학의 리더십-유학의 仁 · 義 사상을 중심으로」, 21세기 경영인클럽, 2012. 1쪽.

전화 대신 간결한 디자인의 터치패널을 아이폰4에 도입, 휴대전화의 개념을 완전히 뒤바꾸어 세상을 향해 한번 더 부활하는 괴력을 과시했기 때문이다.

다음의 말들은 잡스의 동양적 사유의 DNA 비밀을 말해주는 일단이 될까. 그의 아버지는 미국으로 이민 온 시리아인(압둘타파 잔달리, 1931년생, 정치학과 교수)이었다. 20대 초반에 인도여행을 했고 히말라야 일대를 떠돌아다녔으며, 선불교를 통해 세상사의 본질을 파악하는 직관直觀을 수련하였고, 음악과 서체에 대한 깊은 이해를 테크놀로지(technology)와 융합시켰다. 이런 정황들이 잡스의 동양적인 사유를 설명하는데 자주 인용되지만, 그가 말한 캘리그래프는 사실 한자 문명권의 서예와는 거리가 있는 알파벳 손글씨로 보인다. 하지만 일치하는 점이 있다면, 그것은 미학적 접근 방식의 보편성에서 찾는 것이 더 설득력이 있어 보인다.

잡스의 학력은 시애틀의 리드대학(Reed College)에서 1학년 1학기를 마치고 자퇴를 한 것으로 되어있다. 학교에서 그는 캘리그라피(서체학, 서예) 수업을 들었다고 2005년 6월 미국 스탠포드대학의 연설에서 힘주어 말했다. 활자체의 미세한 모양에 대해 공부했는데 이것이 큰 깨달음을 주었다고 한다. 또 대학 내 포스터의 글씨나 서랍의 라벨에 쓰인 글씨가 독특하고 아름다웠다고 그는 말한다. 그의 말은 동양의 서예에서 장법章法의 조화로운 흐름을 만들어내는 형사形似적 미감에 주목하고 있었다는 이야기다. 그는 또 "서예는 아름답고 역사적이며, 과학이 포착해낼 수 없는 예술적인 미묘함이 있다. 그것을 발견해내는 것은 흥미진진하다."고 하여 서예에 간직되고 표현되는 신비로운 아름다움의 세계인 신사神似적 미감에 대해 깊은 관심과 애정을 드러낸다. 이와 관련하여 우산은 잡스의 미학美學 혹은 디자인 철학에 대해 다음과 같이 말한다.

> "그는 디자인이란 어떻게 보이느냐의 문제가 아니라, 실제로 어떻게 작동하느냐의 문제, 즉 단순한 외관이기보다는 그들 외관이 제품의 성능과 분리될 수 없다는 독특한 디자인 철학의 개념을 그의 아이폰에 담아냈다."[2)]

우산은 잡스의 디자인론에 대해, 외관과 성능은 분리될 수 없다는 디자인 철학으로 요약한다. 디자인은 어떻게 보이느냐의 문제를 넘어서서 그것이 어떻게 실제로 작동하느냐의 문제를 담고 있으며, 이런 생각은 외관과 성능이 별개의 것으로 이해하던 종래의 관점을 파기한 것이다. 우산은 곧 잡스가 이런 독특한 디자인 철학의 개념을 그의 아이폰을 통해서 담아낸 것이라 보았다.

흔히 글씨라는 형태인 외관은 내용을 소통하기 위한 수단으로만 이해되기도 한다. 이는 글씨는 글씨일 뿐이며, 결코 그 내용이 될 수 없다는 관점에서 비롯된다. 그러나 서예는 그것이 함의하고 있는 내용을 모두 담고 있으며, 그 함의하는 내용 이상의 무엇까지 담을 수 있다는 생각이다. 서예는 외관일 뿐 아니라, 그 자체가 내용의 일부이거나 내용의 다른 전체라는 점에서다. 따라서 우산이 추구하는 인문학적 '내외합일內外合一'의 심미세계와 잡스의 통찰력인 디자인과 성능의 '형신일체形神一體'라는 미학명제와 맥이 닿아있다. 우산은 이를 두고 서예를 포함한 동아시아 인문학의 특징인 유기체적 생명미학정신을 잡스가 아이폰을 통해 구현한 것이라고 평가한 것이다. 뿐만 아니라, 우산은

2) 송하경, 위의 논고, 3쪽.

'집중集中과 단순單純', '초심初心과 직관直觀' 등 다음 내용을 통해서도 잡스의 심미의식과 인문학적 특징 등의 동양미학적 사유들을 설명한다.

> "잡스는 '집중과 단순', '초심과 직관'을 매우 강조하였다 한다. 특히 그는 초심을 수련하였기에 하나의 성공에 안주하는 법이 없었으며, 그가 서예를 사랑한 것 역시 초심을 수련하기에 적합한 예술 장르였기 때문이라 한다. 작품을 만들 때마다 덧붙이기 보다는 새롭게 시작해야 하기 때문이다."[3)]

잡스는 첨단기기의 형태나 인터페이스를 처음 만날 때, 그것의 기능이나 사용법에 대해 쉽게 알아챌 수 있는 것을 직관적이라는 표현을 쓴다. 기계와 직관이 만난다는 것은 바로 그 디자인과 성능이 넘나드는 관계의 연장선이다. 디자인은 바로 성능을 초심으로 이해하게 하는 힘을 지니고 있다. '초심'이라는 개념이 중요하다. 잡스는 소비자가 처음 아이폰을 접할 때, 최초접촉의 심리상태에 대해 깊은 관심을 가졌다. 기기와의 첫 대면, 그것을 '초심'이라 불렀고 '초심'이 기계를 즉각적으로 이해하는 방식을 '직관'이라 표현했다. '초심'은 맨 먼저 발동하는 순수심純粹心, 진심眞心, 진정심眞情心이다. 바꾸어 말하면 성誠이자 주일무적主一無敵의 정신집중이다.

따라서 잡스가 말한 직관적인 디자인적 개념은, 양명학陽明學의 계보를 이어온 우산의 양명학적 사유와 맞닿아 있다. 유학儒學의 양대 산맥 중 한 갈래인 양명학陽明學에는 잡스가 수행한 선불교적 요소가 상당정도 포함되어 있다. 다른 한 갈래인 주자학朱子

3) 송하경, 위의 논고, 2쪽.

學은 원리의 이해와 이치의 탐구로 공자의 가르침을 실천하고자 했다. 본성性이 본질理이며, 사물을 분류하고 개념화하여格物 그것을 이해한다致知는 입장을 취했다. 그런데 양명학은 심心이 리理라 주장하고, 사물을 분석적으로 파악하는 것보다는 사물을 볼 때 나타나는 느낌을 제대로 자각自覺하는 것이 옳다고 보았다. 이것은 잡스의 초심初心과 직관直觀을 철학적으로 풀어주는 훌륭한 설명일 수 있다. 양명학陽明學의 양지良知는 잡스가 애플의 디자인 속에 넣고자 했던 소비자의 마음과 합일되어 있는 치양지致良知 활동이다. 그리고 이것은 우산의 양명학적 사유와 합일되어 있다고 하겠다.

이처럼 잡스의 동양미학적 사유는 애플의 기계에 정확하게 새로운 행동양식을 표현하는데 쓰이게 된다. 서예가 그 내용뿐만 아니라 서자書者의 마음을 담아내듯, 기계의 디자인은 그 기계의 콘텐츠와 기계를 만든 잡스의 마음을 담아낼 수 있다는 신념, 이것이 곧 잡스의 디자인 철학이다. 아울러 우산의 '신서예문화정신新書藝文化精神'[4]에 의해 온축되어 온 심미세계이자 인문학적 통찰력이라 하겠다.

2011년 타계한 잡스는 그의 전기에서 "마이크로 소프트는 비난받아 마땅하다. MS의 DNA에는 인간애와 인문학이 존재하지 않았다"고 비판했다. 이 점에 대해 우산은 "이는 자신이 창업했

4) 송하경, 『서예미학과 신서예정신』, 다운샘, 2003. 183~184쪽 참조. 우산이 정의하는 신서예문화정신은 "좁은 의미에서 전통서예와의 대대(對待)개념이며, 넓은 의미에서는 전통서예를 하나로 묶어 안으면서 새로운 차원으로의 발전이라는 포괄적인 개념이며, 형이상학적으로는 주체와 우주정신의 합일이라는 서예문화 전통정신을 계승하면서도 전통형식을 그 자리에 남겨둔 채 그로부터 고도의 새 경지로 뛰어 넘으려는 초월적 개념이며, 구체적으로는 현실세계에서 허구와 현실, 장르와 장르간의 경계를 허물고 뛰어넘어 서로 대화하고 만나면서 할 수 있는 모든 가능성을 총동원하여 다양한 가치와 형식을 창출하려는 실용적인 개념이다."

던 애플사(Apple Inc.)의 DNA에는 인간애와 인문학이 존재한다는 뜻이기도 하다."[5]며 잡스가 애플사의 기업경영에 인간애와 인문학을 강조한 것에 대해 거론한다. 인간애는 동아시아 인문학적 사유 내지는 삶과 직결된다. '인간애와 도덕성을 지녀야 한다.'는 인문학적 사유는 기업경영에도 꼭 필요한 요소이다. 21세기 초일류 기업으로 나가기 위해서는 양보다 질의 경영으로 바뀌어야 한다. 이 변화는 머리로 되는 것도 아니고, 가슴으로만 되는 것도 아니다. 이 모든 것을 아우르고 삶의 모든 것을 걸어야 한다. 따라서 정신문화의 중요성이 제기되고 있는 세계사적 흐름에서 인간애와 인문학적 본질의 특성을 올바르게 이해하고, 인류의 새로운 비젼을 모색하여 일반 대중의 요구에 부응하는 자세가 요청된다고 하겠다.

이상과 같이 우산이 잡스에 대해 보여주었던 '인간적인 경외敬畏'는 평생 동안 사랑하고 고심해왔던 서예의 '혁신 DNA'를 잡스가 고스란히 지니고 있다고 생각했기 때문이다. 서예는 동아시아 인문학의 총화요, 동아시아 인문학을 이해하는 지름길임을 상기할 때, 기업경영에 있어서도 인간애와 인문학을 강조하면서, 늘 새롭게 변화하는 창조를 꿈꾸고 형신일체적 심미세계를 구현하는 잡스가 서예의 신비세계를 안 이상 서예를 사랑하지 않을 수 없었을 것이라는 판단 때문이기도 하였을 것이다.

필자는 동양미학이 전공으로 오랫동안 학업과 기업경영활동을 병행해왔다. 우산의 신서예문화정신을 검토하면서 기업경영정신과 비교하여 본 결과, 여러 가지 면에서 상통할 수 있는 사유를 발견할 수 있었다. 따라서 다음에서는 우산의 신서예문화정

5) 송하경, 위의 논고, 2쪽.

신과 이 시대 기업인들이 지녀야 할 기업경영정신의 상관관계에 대해 좀 더 구체적으로 살펴보고자 한다. 나아가 과거(고전)의 사례에서 인간경영의 원칙과 조화를 살린 리더쉽을 찾아내고 오늘에 적용할 수 있는 길을 모색하고자 한다.

신서예문화정신과 기업경영정신

앞서 언급한 바와 같이 우산의 '인생경영'인 '신서예문화정신'은 잡스와 이 시대의 기업인들이 꿈꾸는 '기업경영정신'과 놀랍게도 닮아있다. 우산이 지난 50여 년 동안 대한민국의 대표 서예가이며 대표 유학자로 군림해 온 혁신 DNA는 무엇일까. 그의 작품과 저서, 몇 편의 논문을 들추면서 필자는 튀어 오르는 '송하경정신宋河璟精神'을 마음에 담아본다. 일곱 가지 그의 미덕을 풀어보자.

1) 지행합일知行合一의 창조정신

우산은 서예를 시작한 것을 두고 따로 시간을 내서 배우거나 다른 사람들처럼 스승을 두어 체본에 의한 도제식 교육을 받지 않았다고 한다. 다만 스승이라 굳이 칭한다면 "대대로 이어온 가풍과 입학 전 할아버지 슬하에서 천자문千字文 · 사자소학四字小學 등을 읽고 붓글씨를 익혔으며, 부친인 강암 송성용剛菴 宋成鏞(1913–1999) 선생의 영향을 받았다."[6]는 것이다.

2013. 10. 21일자 조선일보는 '〈사람을 기르는 집〉 [2] 서예

6) 송하경, 『세계화 바람 앞의 동아시아 정신』, 도서출판 다운샘, 2009. 3쪽.

가 강암 송성용 집안'을 다룬 기사에서 "서예가 강암 송성용은 자녀의 손목을 이끌어 붓 길을 잡아준 적이 없다. 집안이 온통 서예를 하니까 4남 2녀 모두 시키지 않아도 붓대 잡는 일에 익숙했다. 아버지는 다만 지켜볼 뿐이었다. 가끔 칭찬할만하면 그저 '무던하다'고만 했다."[7]라고 하는 강암 송성용식 자녀 교육법을 소개했다. '강암 송성용식 자녀 교육법'은 우산의 평소 언행과 강단에서의 후학들을 가르치는 교수법을 통해서도 고스란히 전해진다. 후학들에게 '제 속에서 자발적으로 뭔가 일어나야 하는' 자립정신과 행실을 강조하되, 말을 앞세우기보다 먼저 솔선수범하고 배운 바를 바르게 전하고자 하는 자세는 '부친의 교수법'을 성실하게 실천하고 있는 반증이기도 하다.

우산은 급변하는 현대사회의 우월주의 · 이기주의 · 물질만능주의 등으로 인한 가치관의 혼란과 함께 인간의 존엄성과 정신적 도덕성의 상실하에서, 정체된 유교와 서단이 본래모습으로 돌아가야 한다는 강력한 저항정신과, 정의의 실천을 강조한 유학자요, 비평가이며, 서예가이다.

그가 보름의 관광비자로 대만 유학길에 입성하기 전 가정과 대학에서 보고 듣고 배우고 알고 있는 유교儒教는 주자학적 규범주의 유교였다고 한다. 그러나 대만에서의 유학생활을 통해 주자학朱子學과 전혀 다른 각도의 관점에서, 공맹유학孔孟儒學을 새롭게 해석하고 설파했던 양명학陽明學을 접하면서 유교의 또 다른 세계와 길이 있음을 알게 된다. 그의 양명학적 사유가 쌓여갈수록 그 자각적 해명이 새로워지고, 문화예술의 본질과 세계의 개념에 대한 물음과 그 자각적 해명도 새롭게 바뀌어져 간다. 그가 여기

7) 중앙일보, 〈사람을 기르는 집〉 [2] 서예가 강암 송성용 집안, 2013. 10. 21일자.

서 얻은 결론은 주자학이 '닫힌 규범의 유학'인데 반해 양명학은 '열린 마음의 유학'이라는 것이었다. 그렇기 때문에 한국의 주자학적 유학은 시대정신 · 시대양심을 되살리거나 발휘할 의지와 능력을 철저히 상실하고 있다고 비판한다. 그리고 그 대안으로 "한국의 유교와 그 집단은 변해야 한다. 조금 변할 게 아니라 철저히 변해야 한다. 변하지 않으면 결코 살아남기 어렵다. 변하지 못할 바에야 차라리 없는 듯 침묵하여야 한다. 그래야 다시 소생할 수 있다."[8]고 하여 변화와 투철한 창조정신을 주문한다.

송하경, 〈知行合一〉

양명학의 학습과 관심을 통해 얻어진 그의 학문세계에 대한 앎은 서예라는 예술 활동을 통해서 발현된다. 그는 서예를 신속미주의서예新俗美主義書藝라 명명하고 실천한다. 즉, ①감상하기 쉬운 서예 ②진정眞情이 담기는 서예 ③간결하고 순결하여 부담감을 주지 않는 서예 ④재미있고 즐거울 수 있는 서예 ⑤고루하지 않고 참신한 서예 ⑥이야기가 있고 감동을 줄 수 있는 서예가 바로 그것이다.

이처럼 우산의 앎은 학문세계요, 실행은 예술세계다. 그에게 학문과 예술은 한 몸이다. 그의 학문 속에 그리고 그의 예술 속에 일관되게 녹아 있는 서여기인書如其人적 색채는 그가 지행합일

8) 송하경, 『세계화 바람 앞의 동아시아 정신』, 도서출판 다운샘, 2009. 131쪽.

관知行合一觀을 지닌 학자요, 예술가라는 것을 말해준다.

이는 기업활동에서의 공자의 의義와 이利의 합일, 도덕과 경제의 합일이다. 이를 실천하는 기업활동은 물질적 이익보다는 인격적 존엄을 더없이 값진 것으로 여기고, 사리사욕에 따라 지조를 굽히거나 민족의 대의를 손상시키는 일을 지극히 부끄럽게 생각한다. 오로지 개인 · 집단 · 국가 간의 이익이 상충되지 않는 삼자간의 조화로운 이익의 획득을 이상으로 생각하는 것[9]과 이익의 일정 부분 사회의 환원을 요구하는 입장이기도 하다. 이는 또 지속가능한 발전과 실천행위이다. 기업 성공의 제일 조건은 그 조건이 무엇인지 아는 것보다 이를 어떻게 지속적으로 실행하는가와 창조하는가의 능력에 달려 있다. 성공의 원칙을 명확히 알고 이에 기초한 지속적인 실행과 창조만이 기업의 성공을 보장할 수 있는 지름길임을 알 수 있는 것과 같다 하겠다.

2) 주체의식主體意識적 자득정신

그의 서예는 독특하다. 그는 자신의 장점과 단점을 잘 알고 있다. 그가 추구하고 구현하고자 하는 서예는 "전형화된 서예형식이 아니라, 전통적인 고전서예미학에서 추구해 오던 중화미 · 정제미 · 전아미를 21세기적 신서예문화정신에 따라 보다 다양하고 신선하고 산뜻하게 구현하는 경향의 서예를 말한다. 전통적 고전미에 뿌리를 내리면서도 21세기적 시대정신과 시대미감이 하나로 발현됨으로써 고루하거나 저속하지 않고 신선하면서도 우아하다"[10]는 특징을 갖는다. 그래서 그의 서예는 근筋 · 골骨 ·

---

9) 송하경, 위의 책, 131쪽.

10) 송하경, 『신서예문화정신과 신속미주의서예』, 인사동문화, 2008. 7쪽.

송하경, 〈破陳〉

혈血 · 육肉 · 신神이 서로 조화를 이룬 화목한 음양대대의 형식미 속에서 온유돈후하고 아정雅正한 맛을 담아내어 지나치거나 미침이 없는 중화미中和美를 이룬다. 또한 감상자로 하여금 문장에 대한 이해가 어려워 조형적으로 옮겨가 감상하게 되는 면을 그의 서예에서는 찾아볼 수가 없다. 결코 어렵지 않은 글감의 선택과 메마르지 않고 질박한 듯 표현된 그의 서예는 감수성을 뒤흔드는 선 굵은 운필의 획들을 구성지게 하거나 감미롭게 풀어낸다. 그가 늘 추구해 왔던 "감상하기 쉬운 서예 · 진정이 담긴 서예 · 재미있고 즐거울 수 있는 서예 · 고루하지 않고 참신한 서예 · 이야기가 있고 감동을 줄 수 있는 서예"의 구현이라 하겠다. 다른 서예가들이나 옛 법첩의 방식을 치열하게 공부했지만 결국 스스로의 방식대로 작품을 이끌어온 것이 'Only Song Hakyung'의 서예세계를 만들었다.

기업경영 또한 하드웨어에서 출발해 소프트웨어로 확장하는 변곡점에 서 있다. 스스로의 강점과 경쟁력을 버리지 않고 보다 강화해 자기만의 색깔을 지니는 자기만의 기업경영이 필요하다고 본다. 자기만의 서예를 하는 것이 필요하다고, 그가 역설해 왔던 바와 맥을 같이 한다 하겠다.

3) 변화융합變化融合의 시대정신

시대란 어떤 기준에 의하여 구분한 일정한 기간을 가리키며, 과거 전통의 정취가 부단히 계승·재해석되면서 새로운 미래가 열리는 역사 발전의 내용에 따라 구분되는 특징이 있다. 우산은 시대정신을 "어떤 기준에 의하여 구분된 역사 발전의 과정상에서 어느 한 역사적 시대를 주재하는 정신 경향을 가리킨다."[11]고 정의한다. 이처럼 시대정신은 시대의 변화와 관계가 있다. 시대가 변한다는 것은 앞의 시대와는 달리 객관 현실도 변하고 삶의 내용과 형식도 변한다는 말이기도 하다. 즉 문화가 변한다는 말이다.

우산의 학문과 예술은 장르를 넘나들며 시대를 넘나든다. '변화와 융합의 시대정신'의 구현은 우산의 열린 마음의 서예정신이요, 열린 조형의 서예정신이다. 그의 서예는 고전서예와의 반성·재해석·창신의 활동을 거쳐 최신의 흐름까지를 모두 소화해낸다. 단순히 '넘나들기'를 내세우는 것이 아니라, 철저히 자기화하여 독특한 감성을 창출한다. 즉 전통을 이해하는 깊이와 현대적인 트렌드를 읽어내는 센서가 동시에 갖춰져 있다. 그는 대중이 자기의 방식에 싫증낸다고 판단되면, 하루아침에 어제까지의 자기를 죽이고 새롭게 탄생한다. 이는 주요 학회활동과 서단의 창립운동 등에서도 드러난다.

그는 '한국양명학회를 필두로 한국서예학회·동양예술학회·한국비평학회'등 여러 학회 탄생의 주역이자, 세계서예와의 소통 교류인 세계서예전북비엔날레 1, 2, 3대 조직위원장을 역임

---

11) 송하경, 위의 책, 4쪽.

한 바 있다. 또 한국서예문화시대의 장을 여는 '한국서예협회韓國書藝協會' 창립 운동의 주역이자 창의적 면모이기도 하다. 그는 가장 고점에 있을 때 자기 혁신을 시작해야 한다고, 늘 후학들에게 주문을 하고 또한 받아들이며 실천해 왔다. 여기서 우산의 변화와 혁신을 통한 시대정신이 잘 드러난 일대 혁명이라 할 수 있는 '한국서예협회'의 창립운동에 대해 살펴보자.

한국 현대 서예문화는 일제 강점기의 반민주적 반도덕적 공모전문화와 굴절된 권위의식의 승계와 함께 출발한다. 해방과 함께 1948년 8월 15일, 대한민국정부가 수립되고 그해 9월 조선미술협회가 대한미술협회라는 이름으로 새롭게 출발된다. 서예인들도 합류하게 되면서 1949년 11월 21일 제1회 대한민국미술전람회(약칭 國展)가 경복궁 전시장에서 개최된다. 그러나 선전鮮展이 배출시킨 손재형에 의해 장악됨으로써 현대서예 문화는 출발에서부터 굴절되기 시작했고, 일제 강점기의 부정적 잔재가 회생되고 부활되었다. 그러나 무소불위의 권력은 9회를 기점으로 약화되기 시작했고 동시에 배길기 · 김충현 · 김기승 · 정환섭 등에 의해 그 세를 분점 당하게 된다. 그 핵심권력의 축이 무너지자 1981년 국전시대는 그 막을 내리게 된다.

1981년 30회를 끝으로 막을 내린 국전시대에 이어 1982년 대한민국미술대전 시대가 열리면서 서단에는 새로운 변화의 바람이 분다. 대한민국미술대전 주최기관의 이관과 제도의 구조적 개편으로 서단의 권위주의 위계질서가 약화되고, 초대작가의 장년화로 보다 자유로운 창작 기풍이 진작되면서 1988년 말엽에 이르면 서예문화의 생명력이 요동치기 시작한다. 88올림픽을 계기로 예술의 전당에 서예관이 개관되고 원광대에 서예과가 개설되었으며, 미술협회로부터 서예의 독립과 서예만의 독자적 기구를 설립하자는 '한국서예협회'의 창립운동이 일어난다.

한국서예협회의 창립운동은 1989년 송하경의 "지금은 변하고 바뀔 때다"라는 논제의 글이 『월간서예』 1월호에 게재되고, 1월 5일 송하경을 위원장으로 창립준비위원회가 결성되면서 본격적으로 전개된다. 한국서협의 창립운동은 40여 년 동안이나 존치되어 오면서도 무사안일에 빠져버린 한국미술협회로부터 서예를 분리 · 독립시켜 한국미협과 동등한 단위의 조직을 통해 서예문화를 활성화시키자는 문화부흥운동이다. 이 운동의 취지와 목적이 매스컴에 대대적으로 보도됨으로써 서예인의 기백과 서예가 살아있음을 확인시켜주는 계기가 된다.[12)]

하지만 서예인들의 소망에도 불구하고 미협으로부터의 서예 독립을 이루지 못한 채, 1989년 1,474명의 서예가가 한자리에 모여 반쪽의 한국서협을 창립하고 김태정을 제1대 회장으로 선출한다.[13)] 한국서협은 한국서단의 완전통합을 이루지 못한 불완전한 출발이 되지만, 서협창립운동은 한국서예사상 가장 큰 변화와 개혁을 불러일으킨 문화부흥운동으로 기록된다.

이처럼 우산은 한국서협의 문화부흥운동에서 보듯 자기혁신을 통한 그 주문을 성실하게 이행하고, 때가 되면 반드시 어제의 자기를 죽이고 새롭게 탄생한다. 즉 『중용中庸』의 시대정신인 미래지향적인 '시중時中'을 적절하게 실천하여, 이 시대 문화의 실조현상失調現狀을 바로잡아 회복시키는 역할을 한다.

이는 자본주의 경제체제하에서의 기업의 이윤추구는 그것 자

---

12) 송하경, 『서예학연구』 「현대 한국서단의 비판적 회고」, 한국서예학회, 2012. 83~88쪽 참조.
13) 매일경제신문 1993. 3. 16일자 참조.

체가 당연하고도 본래적인 활동임을 내세워, 윤리 도덕과는 하등의 관계가 없다는 관념과 같은 오늘날 기업 활동의 도덕상실하에서, 이를 극복하고 도덕적으로 성공한 CEO들의 목소리이자 서단 문화부흥운동에서의 그의 목소리이다.

송하경, 〈時中〉

4) 수시처변隨時處變적 대처능력

우산은 여러 차례 고비를 겪었다. 간고艱苦했던 시대에 농촌의 청빈한 유학자 · 서예가의 집안에서 태어나 넉넉하지 못한 어린 시절을 보냈다. 혈기 넘쳤던 20대에 여비 100불과 보름간의 관광비자로 입성한 대만 유학시절의 시련은 그에게 중요한 '경험자산'이 되었을 것이다.

1980년대 그가 성균관대학에서 학과장을 역임할 당시 나라는 물론 교내도 온통 학생들의 민주화운동을 위한 시국선언과 학생들의 데모 등으로 어수선한 상태였다. 그는 당시를 이렇게 회상하고 있다. "학생들과 학과 교수들을 통솔함에 어려움을 당하게 되었을 때 먹먹한 절망감에 빠졌다. 하지만 이 일로 학생들과 교수들 모두를 직접 소통하는 방식으로 전환했다."고 했다. 그는 당시 특유의 '일대일 면대면'을 선보여 위기를 극복하는 기질을 발휘하여 교수들과 학생들을 놀라게 했다. 그는 '일단 일은 정면으로 부딪혀야 한다.'는 지론이다. '위기'는 피하는 것이 능사가 아니라 정면으로 받아들여 그것을 넘어야 한다는 생각이다. 위기의식으로 재무장하지 않으면 살아남지 못한다는 20대의 대만 유학시절의 벼랑정신을 환기시키는 일침이다.

2013. 10월 삼성경제연구소는 그룹의 최고 경영진에게 '건전한 위기의식이 필요하다'고 주문했다. "이번 경제위기는 서서히 뜨거워지는 물속처럼 저강도 충격이 지속적으로 가해지는 상황이라, 외환위기 때와는 달라 기업인들이 심각성을 제대로 인식하지 못하고 있다."고 지적한다. 서서히 끓어오르는 솥 속에 들어간 개구리처럼 최후를 맞을 수 있다는 무서운 경고였다. 이는 위기의식으로 재무장하지 않으면 글로벌 1위인 삼성의 안전을 보장할 수 없으며, 위기의식으로 재무장하지 않으면 삼성도 망한다는 이 또한 벼랑정신을 환기시키는 일침이다.

이처럼 위기의식으로 재무장하지 않으면 살아남지 못한다는 우산의 20대 대만유학시절의 수시처변적 벼랑정신은 그의 삶을 풍성하게 만들며 지탱해 온 발원처였으며, 이 시대가 요구하는 신경영자들의 지향점이자 생각일 것이다.

5) 자기진정自己眞情의 겸양정신

서예가 H씨는 얼마 전 필자에게 이런 고백을 했다. “최근 송하경 선생님 때문에 충격을 받았습니다. 그분은 요즘 젊은 서예인들이 어떤 생각을 하며 서예계를 이끌어 가고 있는지 구체적으로 다 알고 있더군요. 후학들을 위해 또한 나쁜 선례를 남기지 않기 위해 과감하게 세계서예전북비엔날레 주최측에서 주는 거대의 상금을 과감하게 포기하는 일이 쉽진 않겠지요? 저 선배도 저런데, ‘난 이제 다 아니까 저 친구들 서예는 볼 필요도 없고 말을 들을 필요 없어’라고 자만했던 나 자신이 몹시 부끄러워졌습니다. 서예계에 송하경 선생님 같은 원로들이 많이 나왔으면 좋겠습니다.”라는 말로 끝을 맺었다. 잠깐 동안 나눈 대화였지만 우산의 이 같은 선행先行은 시사하는 바가 크다. 타자를 인정하지 않고, 비방하고, 밟고 올라서야만이 자신이 우뚝 서고 높은 곳에 올라갈 수 있다고 착각하는 요즈음 시대 상황의 일침인 것이며, 후학들을 위한 지도자상의 정립과 실천이라 할 수 있겠다.

우산은 요즘 TV 프로그램 중에 ‘나는 가수다’와 ‘불후의 명곡’이라는 프로그램을 자주 본다고 했다. 가수들이 최선을 다해 진정성이 담긴 노래를 부르는 것을 보고 듣고는, 여러 가지 칭찬을 해준 뒤에 한 마디를 덧붙였다. “힘을 빼고 진정성을 보여준 가수가 참다운 가수다. 최선을 다한 모습 그 자체가 아름답지 않은가! 그리고 참다운 진정성은 반드시 숙련된 기능이 수반되어야 한다. 서예 또한 마찬가지다.”라고 했다. 필자와 후학들에게 늘 자만하지 말고, ‘당당하게 최선을 다하라’ 외치던 목소리와 겹치지 않는가. 이런 점과 관련하여 우산은 진정의 자유를 표현하는 ‘서예란 무엇인가’에 대해 다음과 같이 규정하고 있다.

"서예는 일정하게 주어진 공간상에서 서예가가 문자를 쓰는 서書의 도구 · 서書의 도道 · 서書의 법法을 일체적으로 체현하는 서書의 예藝다. 서예는 시각 중심적 조형예술활동의 장場인 일정한 공간형식 상에 서예가의 열린 마음이 서구書具 · 서도書道 · 서법書法의 일체적 운용을 통해 이루어 내는 문자쓰기 활동 과정 중 운필의 일회성적 시간형식을 개입시키면서 자기진정의 자유를 표현하는 문자예술이다."[14)]

우산이 강조하는 진정이 담기는 서예란 서예가의 진정에 의해 이루어지는 서예를 말한다. 어떤 서예작품이 제아무리 온유하게 혹은 힘차고 예쁘게 보일지라도, 그 작품 속에 그 서예가의 진정성이 결여되어 있다면 그것은 단순한 기능의 숙련 차원에 불과한 하위급 작품일 뿐이라는 것이다.

우산은 또 동강 조수호東江 趙守鎬의 '접接'의 용필론用筆論[15)]을 비평하면서 용필할 때의 지紙 · 필筆 · 묵墨의 '접接'에 대하여 "지 · 필 · 묵의 '접'은 대립이나 갈등 관계적 '접'이 아니라, 하나로 만나고 화합하고 합일하는 활동작용의 관계일 뿐"[16)]이라고 조목조목 반박한다. 그리고 서예가의 참다운 예술 활동이란 어떠해야 하며, 참다운 서예로서의 용필미학이란 무엇인지에 대해 다음과 같이 단호하게 자신의 생각을 밝힌다.

"용필用筆의 질삽疾澁에서 이루어지는 소리란, 서예가의 순

---

14) 송하경, 『신서예문화정신과 신속미주의서예』, 인사동문화, 2008. 6쪽.

15) 조수호, 『서예술소요』, 서예문인화, 2004. 40~41쪽. 동강 조수호는 용필할때의 '접(接)'의 용필론을 '송곳이 모래를 그으며 지나가는 과정에 비유'하고, 송곳이 모래를 그으며 지나갈 때 들리는 모래와의 마찰음을 '접'의 신비요, 생명력이라 규정한다. 또 용필할때의 접을 '남녀의 키스', '운우의 정', '질삽(疾澁)' 등과 연계하여 전개한다.

16) 송하경, 『서예비평 I』 「동강 조수호의 接의 용필미학과 속미적 예술세계」, 83쪽.

수마음과 자유의지가 자신 앞에 놓여있는 지 · 필 · 묵의 세계와 하나 되는 환희의 소리, 즉 물아일체 · 주객합일 · 심물합일이 실현되는 소리이다. 그러므로 서예의 경지는 유현경幽玄境이 아니라 진실경眞實境인 것이다. 진리는 은밀한 것이 아니라, 명명백백하면서도 거짓 없는 참이요, 진실 그 자체이기 때문이다."[17]

우산의 이 말은 곧 '접'의 용필이란, 서예가의 순수마음과 자유의지가 지 · 필 · 묵이라는 세계와 서로 끌어당기고 화합하고 하나 될 때 각자가 간직하고 있는 고유속성이 발휘되어 예술로서의 참다운 서예가 이루어지게 된다는 의미이다.

진정성 있는 활동들은 사회 어느 분야에서든지 적용되는 게 만고의 진리이다. 기업경영활동에서도 마찬가지다. 최근 기업의 경영활동에서 외주업체와의 갑을 문제로 사회문제가 된 바 있다. 그러나 바람직한 기업활동이란 어느 모범 사회적기업의 책임경영에서처럼 임직원들의 기득권을 이용한 갑질과 외주업체 착취, 조세피난처를 이용한 세금탈루를 하지 않고, 열심히 브랜드를 키우는 등 기업활동에서의 진정성을 보여주는 활동들이다. 그가 21세기 경영인클럽 조찬간담회 강연에서 "성선적性善的 인성론과 인의仁義에 입각한 도덕의 실천 상에서, 이利의 윤리화를 적극 강조하고 유교의 경제 원리를 주장했던 것"[18]과 일맥상통한다 하겠다.

17) 하경, 위의 책, 84쪽.

18) 송하경, 「동아시아 인문학의 리더쉽-유학의 인 · 의 사상을 중심으로」, 21세기 경영인클럽, 2012. 6쪽.

6) 진정미盡精微적 서예세계

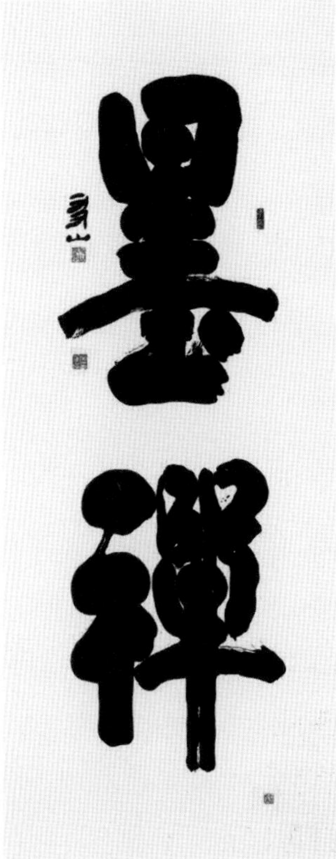

송하경, 〈墨禪〉

우산의 서예는 모르는 사람도 없고 정확히 아는 사람도 없을 듯하다. 혹자는 그의 서예작품에 대해 비평을 넘어 혹평을 하기도 한다. 필자는 그 점에 대해 그가 평소 강조했던 "오늘날 잘 쓰고 못 쓰고의 심미기준이라는 것이 지금까지 있어 왔던 기존의 붓글씨를 통해 형성된 선입견에 불과한 것일 뿐, 그 기준의 근거가 없지 않은가! 붓글씨의 호불호에 대한 지금까지의 선입견을 씻어버린다면 그렇게 어려운 일은 아닐 듯 싶다."[19]라는 말에 일정 정도 동의한다. 예술이란 타자에 의한 것이 아니라, 내 생각대로 하는 것이기 때문이다. 또한 붓글씨는 그 작가와 너무나 닮아있다는 서여기인書如其人적 사유에서 펼쳐진 때문이기도 하다.

따라서 우산의 서예는 지금껏 보아왔던 그것과 사뭇 다르다. 불필요한 것들을 과감히 떨쳐버린 듯 단아하고 질박한 느낌을 주는 그의 서예는 화선지의 구석구석을 풍성하게 하고 정교하게 끌어가는 운필의 마력이 결결이 살아있어 감상자로 하여금 편안한 느낌을 준다. 이런 디테일이 갖춰지는 것은 피나는 연습과 죽도록

19) 『미당이필숙』 개인전 도록, 서예문인화, 2010.

쌓은 공력의 결과라 생각된다. 아름다움과 완전함과 새로움과 놀라움을 향한, 그의 집요하고 처절한 자기완성적 태도는 글로벌 리더 및 현대인들이 지녀야할 가장 긴급하고 중요한 태도일 것이다.

7) 교감중시交感重視의 친구정신

우산은 부드럽고 소박하다. 유머도 즐기며, 장난기도 있다. 나이로 보자면 어울릴 것 같지 않은데 우리들의 영원한 '친구'로 통한다. '우산友山'이라는 아호가 시사하듯 그는 때론 친구요, 조력자요, 때론 태산 같은 존재이다. 강단에서 혹은 여타의 장소에서 터져 나온 그의 음성은 대중을 블랙홀처럼 빠져들게 한다. 그극적인 대중과의 교감을 그는 이해하고 있다. 서예술인이 권위의식을 장착한 체 대중이라는 소통 끈을 놓치고 서둘러 어른행세를 하기 시작하면, 서예라는 예술장르는 도태되기 십상이다.

그는 여전히 40여 년 전 대만유학시절과 같은 '젊고 패기 넘치는 자아自我'를 지니고 있다. 그는 21세기 신경영을 다시 리뉴얼(Renewal)하는 자리[20]에서 세계 소비자와 매력적으로 교감하는 '친구정신親舊精神'을 들려주고 싶었는지 모른다.

마치며

물질문명의 최고조에 달했던 20세기가 지나자, 21세기의 세계사적 흐름은 그 어느 시대보다 정신문화의 중요성이 제기되고 있다. 이에 동아시아 인문학의 본질과 특성을 올바르게 이해하고

---

20) 21세기 신경영인 클럽 조찬간담회.

인류의 새로운 비젼을 모색하는 일은 시급한 과제라고 할 수 있다. 아울러 21세기는 개성과 창의성이 요구되는 시대이다. 서예 역시 그 시대정신에 맞게 변화된 서예로써 당대의 철학과 품격을 지닌 자득의 예술경계를 구현해야 하며, 사회발전의 한 축으로 부상한 기업들도 시대정신을 올바르게 이해하는 일이 매우 중요해졌다.

우산은 이러한 시대정신을 요구한 21세기 한국유교와 한국서단에 대해 '그 집단은 변해야 하며 조금 변할 게 아니라 철저히 변해야 함'을 강조하고 시대정신을 추구한 양명학자요, 비평가이며, 예술가이다.

그가 대만에서의 유학생활을 통해 접하게 된 양명학은 주자학과 전혀 다른 각도의 관점에서 공맹유학을 새롭게 해석하고 설파한다. 그의 양명학적 사유가 쌓여갈수록 문화예술의 본질과 세계의 개념에 대한 물음과 그 자각적 해명도 새롭게 바뀌어져 간다. 그가 여기서 얻은 결론은 주자학이 '닫힌 규범의 유학'인데 반해 양명학은 '열린 마음의 유학'이라는 것이다. 이러한 우산의 양명학적 사유는 한국서단의 문화부흥운동이라 할 수 있는 '서협창립운동'과 한국양명학회 · 한국서예학회 · 동양예술학회 · 한국비평학회 등 여러 학회의 탄생을 주도하고 창의적 활동으로 이어진다. 이어 자기혁신을 통한 그 주문을 성실히 이행하고, 때가 되면 반드시 어제의 자기를 죽이고 새롭게 탄생한다. 즉, 『중용』의 시대정신인 미래지향적인 '시중時中'을 적절하게 실천하여, 이 시대 문화의 실조현상을 바로잡아 회복시키는데 일조한다. 이러한 변화와 융합의 시대정신의 구현은 우산의 열린 마음의 서예문화정신이요, 열린 조형의 서예문화정신이다.

우산의 열린 마음과 열린 조형의 서예문화정신은 전형화 된 서예형식이 아니라, 21세기적 신서예문화정신에 따라 보다 다양하고 신선하며 산뜻하게 구현하는 경향의 서예를 말한다. 전통적 고전미에 뿌리를 내리면서도 21세기적 시대정신과 시대미감이 하나로 발현됨으로써, 고루하거나 저속하지 않고 신선하면서도 우아하다는 특징을 갖는다. 그래서 그의 서예는 근筋 · 골骨 · 혈血 · 육肉 · 신神이 서로 조화를 이룬 화목한 음양대대의 형식미 속에서 온유돈후하고 아정雅正한 맛을 담아내어 지나치거나 미침이 없는 중화미中和美를 이룬다. 또 감상자로 하여금 문장에 대한 이해가 어려워 조형적으로 옮겨가 감상하게 되는 면을 그의 서예에서는 찾아볼 수가 없다. 결코 어렵지 않은 글감의 선택과 불필요한 것들을 과감히 떨쳐버린 듯 단아하고 질박한 느낌을 주는 그의 서예는 감수성을 뒤흔드는 선굵은 운필의 획들을 구성지게 하거나 감미롭게 풀어낸다. 또한 메마르지 않고 먹물이 고여 있는 듯, 화선지의 구석구석을 풍성하게 하고 정교하게 끌어가는 운필의 마력이 결결이 살아 있어 감상자로 하여금 편안함을 준다. 그가 늘 추구해 왔던 '감상하기 쉬운 서예 · 진정이 담긴 서예 · 재미있고 즐거울 수 있는 서예 · 고루하지 않고 참신한 서예 · 이야기가 있고 감동을 줄 수 있는 서예'의 구현이라 하겠다.

오늘날의 새로운 리더십은 군림하고 이끌어가는 리더십이 아니라 봉사의 자세로 친절하게 국민들에게 다가서는 리더십을 말한다. 여기에는 동양적 미학으로 세계의 다양한 욕망을 사로잡고 인류를 매료시킨 잡스의 전략이 지닌 함의일 수도 있다. 또한 『논어』에서 공자가 자로의 질문에 대답하면서 지도자가 가져야 할 기본자세로 솔선수범先之과 수고를 다함勞之을 강조함이 이를 말하기도 한다. 그런 모범과 헌신에서 지도력이 나오고 국민의 신뢰를 얻는다고 볼 수 있다. 기업에서도 마찬가지다. 과거의 기업에서는 마음보다는 머리의 중요성이 강조되는 유능한 개인에 초점을 두었지만, 현대와 같은 정보 · 지식사회에서는 휴먼 네트워크의 중요성이 강조되고 있다. 개인의 정보와 지식이 인간관계의 결속으로 합일될 때 더욱 큰 힘을 발휘하기 때문이다. 그러므로 개인적으로 유능하면서 차가운 사람보다는 항상 마음이 열려 있으며, 함께 어울려 있는 사람이 더욱 소중한 것이다. 이는 우산의 학문 속에 그리고 그의 예술 속에 일관되게 드러나는 열린 마음의 서예문화정신이요, 열린 조형의 서예문화정신이다.

송하경, 〈默〉

오늘날 한국유교와 한국서단의 현대화를 위해서는 무엇보다도 오늘날 새롭게 요구되는 리더십을 지닌 지도자상을 인식하여 먼저 실천하는 자세가 요구된다. 즉 동아시아 인문학의 본질과 특성을 올바르게 인식하여 진리를 책임지고 지키거나 실천하려는 선비정신으로, 부도덕한 현실을 바로잡고 그에 대항하려는 강력한 저항정신과 정의의 실천 의지가 요청된다고 하겠다.

※ 참고문헌

송하경, 「동아시아 인문학의 리더십-유학의 인 · 의 사상을 중심으로」, 21세기 경영인 클럽 조찬간담회, 2012.

_____, 『세계화 바람 앞의 동아시아 정신』, 도서출판 다운샘, 2009.

_____, 『서예미학과 신서예정신』, 다운샘, 2003.

_____, 『신서예문화정신과 신속미주의서예』, 인사동문화, 2008.

_____, 『서예학연구』「현대한국서단의 비판적 회고」, 한국서예학회, 2012.

_____, 『서예비평 I 』「동강조수호의 접의 용필미학과 속미적 예술세계」, 한국서예비평학회, 1997.

이필숙, 『미당이필숙』 개인전 도록, 서예문인화, 2010.

조수호, 『서예술소요』, 서예문인화, 2004.

매일경제신문, 1993. 3. 16일자.

조선일보, 〈사람을 기르는 집〉 [2] 서예가 강암 송성용 집안, 2013. 10. 21일자.

03

교수님과 함께 한 즐거움

김미례
유학 · 박사4기

들어가는 말

6년 전 10월 어느 날 인사동 백악미술관에서 교수님을 처음 뵙게 되었다. 평소 사람 많은 곳에 가기를 좋아하지 않는 내게 그날은 어쩔 수 없는 상황으로 길을 나섰다. 전시를 축하해 주러 온 많은 사람들로 미술관 내부는 시끌벅적했다. 한쪽에 밀려 서 있던 내 옆에 교수님이 서 계셨다. 평소에 한 번도 뵌 적이 없었던지라 갑자기 가슴이 콩닥콩닥 뛰기 시작했다. 그 당시 며칠 전 성균관대학교 유학대학원 서예과에 입학서류를 제출한 상태였던지라 교수님께 미리 인사드려도 괜찮을지, 혹 누가 되지 않을까 매우 조심스러웠다. 그러나 용기를 내어 인사를 드렸다. 그때 잠깐 뵌 교수님의 모습에서 겸손하신 분이라는 강한 느낌을 받았다. 그 이후로 면접을 보고 합격통지서를 받게 되어 이듬해 3월 교수님의 강의를 듣게 되었다.

아무런 연고도 없었던 나는 교수님의 수업시간이 내내 기다려졌다. 단정하고 깔끔하며 세련된 셔츠에 화려한 넥타이는 위엄보다는 부드러움과 절제된 모습으로 보였으며, 조용한 가운데 기대했던 첫 강의를 맞게 되었다. 작은 눈으로 어디를 보시는지 처음에는 당황한 듯 보였지만 이내 적응이 되었다.

미학이란 무엇인가에 대해 강의하시며 중간 중간 빨개지시는 얼굴도 보여주셨다. 학생들과 소통하려고 교수님 스스로가 애쓰시는 모습도 보였다. 많은 기대로 교수님과의 첫 강의시간이 빠르게 흘러갔고, 성균관대학교에 오기를 잘했다는 뿌듯함이 가슴 한편 가득 기쁨으로 차올랐으며, 집으로 돌아오는 발걸음이 가벼웠던 기억이 선하다.

6년이라는 세월이 흘러 박사과정을 수료하는 시점에서 '교수님에 대한 비평의 글'을 느낀 대로 쓰라는 과제가 주어졌다. 감히 제자가 선생님을 비평한다는 것은 가당치가 않으며 있을 수가 없다고 생각해 왔던 터라 매우 당황스러웠다. 그러나 교수님을 비평하라 하신 말씀은 겸손하신 말씀이고, 비평 등 '한국미학·예술학 특징'에 대해 열심히 공부하란 말씀으로 알고 자료들을 모으고 살펴보았다. 물론 교수님이 학기 초에 자필로 써 주신 비평이란 무엇인가?에 대한 내용 등을 읽고 '비평은 이런 형식으로 쓰는구나'라는 것은 알고 있었지만, 과제를 완수하기 위해 많은 고민 끝에 짧은 에세이 형식으로 글을 써보기로 마음먹었다.

이와 같은 마음을 먹게 된 이유는, 교수님의 말씀처럼, 비평은 아무나 할 수 있는 것이 아니며, 비평가도 아무나 될 수 있는 것이 아니기 때문이다. 비평가가 되기 위해서는 겸손을 제1의 덕목으로 갖추고 자기 신념이 확고해야 하며, 뛰어난 예술적 감각과 섬세한 정감, 그리고 숙련된 기능에 편견 없는 지식을 갖추어야 한다. 뿐만 아니라 이론적 지식을 폭넓게 갖추고, 인문학적 소양을 두루 축적하여야 함은 물론 독립적 사고로 주체의식의 이론적 강화를 부단히 수행하는 사람이어야 함을 강조하셨기에, 이와 같은 자격을 갖추지 못한 나는 비평이 아닌, 교수님과 그 강의에 대한 느낌만으로 글을 쓰고자 한다.

봉생마중蓬生麻中 불부이직不扶而直

교수님은 1942년(실제는 1941) 10월 14일 전북 김제군 백산면 상정리 요교마을에서 서예가이신 강암 송성용선생과 이도남여사

사이에서 4남 2녀 중 차남으로 태어나셨다. 조부의 서예는 부친 강암선생께서 이으시고, 교수님은 강암선생의 글씨 쓰시는 모습을 항상 어깨너머로 보며 배우셨단다.

50여 년을 한결같이 서예를 익혀 오신 교수님은 어려서부터 항상 의관정제하시는 조부의 슬하에서 『천자문』과 『사자소학 · 계몽편』 등 유학의 주류격인 주자학의 정신을 배우게 된다. 이렇게 엄격한 가르침을 받은 교수님은 어느 날 갑자기 여비 100달러를 들고 15일간의 관광 비자를 받아 대만 유학길에 오른다. 열심히 공부한 결과 장학금도 받았다. 대만 유학시절의 어려움은 형언하기 어려우며 그 시절에 접하게 된 양명학은 신세계 학문으로 느껴질 만큼 커다란 자극이었다고 한다. 1974년부터 10년 동안 재직했던 전북대를 떠나 1985년도 성균관대학교에 부임하셨다. 1986년에 미협 이사를 역임하고, 1988년 올림픽의 해에 교수님의 주도하에 이루어진 서단의 개혁운동은 커다란 반향을 불러일으킨다. 이때 전국적인 강연 활동 등 서예협회 창립은 매스컴에서도 대대적으로 보도가 된 바 있다. 이로부터 2천여 서예가들의 서명과 함께 1989년 4월 9일 서협을 창립하고 동시에 서협의 평회원으로 복귀한다. 1995년 1월에는 한국양명학회를 만들고 초대, 2대 회장을 역임한다. 한국양명학회는 현재 대한민국에서 가장 잘 운영되는 학회 중 하나이다. 1996년 세계 서예의 위상 제고와 상호간의 소통을 위해 세계서예전북비엔날레 1 · 2 · 3대 조직위원장을 역임하여 그 역할을 다하였으며, 현재는 9회째 진행되고 있다. 1999년 동양예술학회를 창립하고, 2010년 유일하게 한국에만 있는 한국서예비평학회를 창립한다. 현재까지 회장직을 맡고 계시며 올바른 서예비평문화의 정립을 위해 활발한 활동을 하고 계신다.

교수님은 조직 활동 등 굵직굵직한 일들을 해오면서 꿈이 있어야 사회가 발전할 수 있다고 하신다. 꿈이란 곧 내 안의 작은 혁명이며, 자신에 대한 혁명을 늘 생각하고, 나만의 꿈을 가지고 진행하다 보면, 자기 혁명인 꿈을 이루면서 살 수 있을 거라고 말씀하신다. 따라서 자기 혁명은 죽을 때까지 멈춰서는 안 된다고 강조하신다. 자기 혁명이란 곧 꿈이 될 수 있기 때문이라는 것이다. 또 이 세상의 모든 일들은 저지르는 사람의 것이라고 강조한다. 이는 나의 꿈을 향해 부단히 노력하라는 실천정신을 잃지 말라는 뜻으로 받아들여진다.

종종 조부와 부친의 교육방법에 대해서도 말씀하셨다. 먹을 가는 일로 하루를 시작하신 부친(강암선생)은 칭찬 대신 스스로 움직이게 하셨지 붓을 잡아준 적이 없으셨단다. '부친께 배운 건 정신과 행실'이었다 한다. 집안이 온통 서예를 하니까 4남 2녀 모두 시키지 않아도 붓대 잡는 일에 익숙했으며, 아버지는 단지 지켜보시며 가끔 칭찬할 만하면 그저 "무던하다"고만 말씀하셨다 한다. 자식들은 아버지의 가르침을 '대인춘풍待人春 지기추상持己秋霜'으로 요약한다. 스스로에게는 가을 서리처럼 엄하게, 남에게는 봄바람처럼 부드럽게 대하라는 뜻이다. 한 번은 아버지 침상 곁에서 잠이 들었는데 퍼뜩 깨어보니 아랫목에 누운 아버님이 어둠 속에다 손가락으로 뭔가 자꾸만 쓰고 계시기에 '아버지, 안 주무시고 뭐 하세요?" "응, 이 字가 에려워야." 하셨단다. 교수님은 마지막 순간까지도 붓을 놓지 않는 부친의 그 정신을 설명하신 것이다.

『순자 · 권학편荀子 · 勸學篇』에는 '봉생마중蓬生麻中 불부이직不

扶而直'이라는 글이 있다. 쑥도 삼밭 속에서 자라면 붙들어 주지 않아도 저절로 곧아진다는 뜻이다. 삼은 곧게 자라는 식물인데, 옆으로 자라는 쑥도 삼밭에 있으면 삼의 영향을 받아 곧게 자란다. 부모가 본보기를 보일 때 자녀들도 인성을 제대로 갖춘 반듯한 인간으로 성장하게 마련이다. 강암선생은 자신에게 서릿발처럼 엄했다고 한다. 자신에게 엄격한 사람은 대체로 '일은 민첩하게 하고 말은 삼가기敏於事愼於言 때문에 남들에게 감화를 주는 법이다. 이러한 가정환경에서 자라신 교수님의 인품은 그냥 형성된 게 아니라는 걸 알 수 있다. 요즘 교육의 과오는 부모는 자식에게 모범을 보이지 않고 자식에게만 잘하기를 기대하는 데서 여러 가지 위험요소들이 드러나는 것이다.

교수님은 1996년 11월 25일-12월 1일 서울 광화문의 일민문화관에서 10년 만에 서예전을 여셨다. 1960년 19세에 처음 입선한 이래, 국전에서만 열 차례나 입·특선한 경력을 가졌다. 전시회 출품작은 총 64점, 이 가운데에는 특기할 작품으로 백납병百衲屛이 있다. 교수님의 〈십곡백납병〉은 10폭짜리 병풍에 전·예·해·행·초 기본 서체는 물론 갑골문부터 한글·사군자에 이르기까지 붓으로 구현해 낼 수 있는 예술세계를 망라했다. 서예의 달인이 아니고서는 엄두조차 낼 수 없는 것이 백납병이다.

교수님은 최고의 글씨는 마음의 자연스러움에서 이루어짐을 늘 강조하신다. 마음의 자연스러운 평정이 회복될 때 우연욕서偶然欲書가 일게 된다며, 학생들에게 열정적으로 서書는 마음의 자연自然을 닮아야 한다고 말씀 하신다.

또 21세기 신서예문화정신에 대해 강조하시며 '신新'자를 즐겨 쓰신다. 이는 깨끗하고 단아함을 좋아한다는 뜻일 것이다. 신서예문화정신에서의 '신新'은 반전통 · 반고전적 의미로서 전통과 고전을 부정하는 '신'이 아니라, 전통과 고전을 새롭게 음미하고 반성하고 재해석하고 창신하여 과거보다 더 나은 방향으로 끊임없이 발전시킨다는 의미의 '신'일 것이다.

조부의 구舊와 아버지의 조화, 그리고 교수님은 신新을 강조하신다. 그중 교수님의 신新은 때로는 전통과 고전이 반성과 비판의 대상이 되는 경우도 허다하나, 항상 전통과 고전의 끊임없는 현재적 전개라는 점에서, 또 전통과 고전은 시대적 전개라는 점에서, 시대와 함께 발전을 추구한다는 의미의 '신新'이라고 보면 될 것이다. 그래서 진정한 의미의 21세기적 신서예문화정신은 전통적 고전서예를 기반으로 하되, 전통적 고전서예에서 표현하려 하지 못했던 무한한 잠재 가능성을 개발하여 새로운 서예 양식과 방법으로 창신 시키는데서 그 빛이 더욱 발휘된다고 하신다.

교수님은 서예를 다음과 같이 정의 하신다.

> "서예는 일정하게 주어진 공간상에서 서예가가 문자를 쓰는 서書의 구具, 서書의 도道, 서書의 법法을 일체적으로 체현하는 서書의 예藝다. 서예는 시각중심적 조형예술활동의 장場인 일정한 공간형식 상에 서예가의 열린 마음이 서구書具 · 서도書道 · 서법書法의 일체적 운용을 통해 이루어 내는 문자 쓰기 활동과정 중 운필의 일회성적 시간형식을 개입시키면서 자기진정의 자유를 표현하는 문자예술이다."

서예를 이루어 낼 수 있는 객관적 필요조건은 문자文字 · 서구書具 · 공간空間 · 시간時間 등의 형식이다. 또 진정이 담기는 서예란 서예가의 진정에 의해 이루어지는 서예여야 함을 강조한다.

모든 예술이 다 그러하듯, 서예 역시 서예가의 진정이 상실된 서예는 예술일 수 없다고 본 것이다.

성덕成德한 인격의 그릇

덕이란 그 사람의 양심, 인격, 사랑이 삶 속에서 늘 조화되어 풍기는 것이며, 하늘과 땅의 것을 두루두루 갖춘 사람을 덕을 이룬 사람이라고 한다. 스승은 그릇이요, 제자는 물이라는 말이 있다. 가변적인 물이라는 제자는 스승의 그릇이 어떤 그릇이냐에 따라서 그 형태가 일정 정도 결정된다고 본다. 즉 스승의 인격은 바로 제자의 인격이라는 말이다. 참으로 위대한 스승을 만난다는 것은 행복한 일이다. 큰 그릇이 많으면 무거우면서 시끄러운 소리가 없다. 큰 그릇은 다름 아닌 천명을 깨달아 역사의 주인 정신을 가지고 실천적 시대의식에 투철한 사람일 것이다.

교수님이 계신 곳에는 늘 사람들이 많다. 교수님의 호가 말해주듯이 벗이 많으신가 보다. 한자리에 모인 제자들과는 모두 친구가 되어 상대방이 무슨 말을 하건 거기에 맞춰서 함께 대화하시며 소통하신다. 이러한 모습들에서 상대방을 배려하려는 겸손함을 볼 수 있으며 교수님의 인품을 느낄 수가 있다.

『논어 · 위정論語 · 爲政』편 제12장에 나오는 군자불기君子不器의 뜻을 깊이 음미해 보고 싶다. “군자는 그릇처럼 살지 아니한다.”라는 뜻이다. 그릇은 특정한 형태를 가지고 있고 그 형태에 맞는 역할만 하는 물건이다. 자신의 육체를 주체로 하여 자신의 삶을 영위하는 사람은 소인이고, 천명을 주체로 하여 만물 전체와 조화되는 삶을 영위하는 사람은 군자이다. 소인의 삶은 그 주체가 육체이기 때문에, 육체가 처해 있는 시간과 공간에 의하여 제한을 받는다. 이러한 삶은 그릇처럼 사는 것이다. 그러나 군자의 삶은 그 주체가 천명이기 때문에, 나는 나이고 나는 만물이며 나는 영원한 존재이므로 일체의 시간적 · 공간적 제한성에서 벗어난다. 나의 육체는 천명을 실천하는 도구이므로 천지 만물 전체의 조화로운 삶을 유지해 가기 위한 한 부분으로서 역할을 다할 따름이다. 이러한 삶은 나의 육체가 초야에 묻혀 평생토록 이름 없는 작은 일을 하더라도 불만이나 부자유스러움이 없으므로 평화로움과 조화로움으로 충만 된다. 절대 자유를 누리는 행복한 삶 그 자체인 것이다. 또한 군자는 지덕체를 두루 갖춘 전인적인 사람이어야 한다. 군자는 한 곳에만 쓰이는 한정된 그릇이 되어서는 아니 된다는 뜻이다. 그릇이란 일정한 쓰임에 맞도록 만들어졌기에 두루 각처에 사용할 수 없는 것이다. 밥그릇은 밥을 담는 데 쓰이도록 만들어졌고, 접시는 찬을 담는 데 쓰이도록 만들어졌듯이 아무 곳이나 다 쓰일 수는 없는 것이다. 사람도 마찬가지다. 각자 개인의 개성적 특성이 있기 때문에 두루 쓰일 수는 없는 것이다. 그래서 공자는 군자에게 정해진 그릇이 되지 말라고 하였다. 군자는 성덕한 사람을 말한다. 마음이 관유하여 인간 사이에 조화롭게 적응할 수 있는 사람을 성덕한 군자라고 한다. 내게 보이는 교수님의 모습들에서도 이러한 성덕成德한 군자의 기운을 느낄 수가 있다.

이처럼 성덕한 인품을 지닌 교수님은 그동안 높은 덕망으로 많은 석 · 박사를 제자로 두고 계신다. 제자에게도 한 사람 한 사람을 대할 때마다 당신을 버리시고, 상대방한테 맞추어 대해 주신다. 아무나 그렇게 하기란 쉽지 않은 일이다. 그래서 나는 오늘도 감사하며 행복한 마음으로 하루를 정리한다. 내게도 마음속으로 빙그레 웃음 짓고 지낼 수 있는 든든한 교수님이 곁에 계셔주시니 이 얼마나 복 받은 사람인가. 그저 감사할 따름이다.

지행합일을 추구하는 양명학자

예나 지금이나 서예의 세계에서는 탈속의 정신과 경지를 가장 높이 평가한다. 그러나 탈속은 세속을 벗어난다는 뜻이므로, 현실을 부정하는 의미로 받아들여진다. 그러나 교수님은 지행합일을 추구하는 양명학자이다. 현실과 공존하되 현실에 매몰되지 않는 주체적인 자세로 세속의 현실을 헤쳐 나가는 분이다. 가문의 서예 이념으로 전해져 온 구체신용舊體新用의 정신을 몸소 실천한 것도 그런 연유에서일 것이다.

교수님은 88년을 기점으로 그 이후를 '신서예시대'라고 명명해 오셨다. 88년은 올림픽을 계기로 큰 변화의 물결이 일었는데, 서예계에도 대학에 최초로 서예학과가 생기고, 예술의전당에 서예관이 설치되어 큰 전기가 마련된 해였다. 아울러 광복 이후 한국미술협회에 분과로만 존속되어 오던 서단의 위상을 높이고자 교수님이 주도한 한국서예협회가 따로 발족한 해이기도 하다.

교수님은 컴퓨터를 사용하지 않으신다. 문명의 이기 자체에 대한 거부감 때문이 아니라, 편리함을 얻는 대가로 잃어야 하는 정신의 몫이 안타깝기 때문이라 한다. 이처럼 기예에 치중하기보다는 부단한 독서와 사색으로 정신을 가다듬어온 교수님은 명문장가로도 정평이 나 있다. 충남대 김길락 교수는 '양명학의 현대적 조명'이라는 글에서 "송하경 교수는 양명학이 주축을 이루고 있는 中華民國台灣에 유학하여 양명학 연구로 석 · 박사학위를 취득한 정통 양명학자로 정평이 나 있다. 역자는 비단 양명학에 관한 논문뿐만 아니라, 왕양명의 『전습록』과 『중국철학사』 등 번역에 있어서도 많은 업적을 이루어 사계의 권위 있는 학자로 학계에 널리 알려져 있다."고 평가했다.

교수님은 또 양명이 말하는 '참나', '참 자기'로서의 '진아眞我', '진기眞己'를 가리켜 말씀하신다. 양명의 '자기'는 내 마음의 본체심, 즉 성性의 생리生理, 천리天理에 따라 본래 '나'다운 시視 · 청聽 · 언言 · 동動이 이루어지는 '진기眞己'를 말한다. 따라서 교수님은 "허위와 가식에 찌든 세속적 화가들은 일획의 법이 곧 참된 화가로서의 진기로부터 세워진다는 것을 알지 못한다. 일획은 그림세계 내 온갖 사물의 존재를 이룩하는 기본요소가 되고 온갖 만물의 형상을 구성하는 근본 뿌리가 되지만, 허위와 가식을 남김없이 떨쳐버린 진실된 화가의 본디마음, 즉 양지良知에 따라 이루어질 때에만 그 작용이 드러날 뿐이요, 허위와 가식에 찌든 낡은 세속적 화가에 의해서는 오히려 그 작용이 묻혀버린다."고 말씀하신다.

양명의 심心은 곧 리理, 즉 천리天理이기에 일체의 만사 만물이 심心을 벗어나서 존재하지 아니한다. 심心을 천리天理라 함은 일체의 사욕私欲이 떨쳐진 본래마음 그 자체를 말한다. 화가가 본래마음 그 자체로 그림을 그린다면 그 그림세계는 화가의 마음에 따라 이루어지는 것이며, 화가의 본래마음을 벗어나 그 그림세계는 존재할 수 없다는 것이다.

『논어 · 공야장論語 · 公冶長』편 제16장에는 다음과 같은 말이 있다. 子曰 晏平仲善與人交, 久而敬之. "안평중은 남과 잘 사귀는

구나! 오래될수록 공경하니.” 안평중은 사람을 오래 사귈수록 더욱더 공경스럽게 사람을 대한다는 것이다. 이것은 매우 어려운 것이다. 사람은 친해지고, 또 친함이 오래되면 그 인간의 가치를 당연한 것으로 받아들여서 무감각해지기 쉽고, 또 지켜야 할 예의를 망각할 수가 있다. 그러나 인간은 친해질수록 거리를 두어야 하는 것이요, 친해질수록 예의를 지켜야 하는 것이다. 교제를 오래 할수록 타인에게서 존경을 받는다는 것은 참으로 어려운 일이다. 교제가 오래가면 그 인간의 일상생활의 여러 약점이 보이게 마련이고 사소한 감정상의 문제로 사이가 벌어지기 십상이다. 그런데 오래 사귀어도 사람들에게 존경을 받는다는 것은 그 인간의 됨됨이가 매우 사소한 문제에 이르기까지 어떤 원칙에서 벗어나는 행동거지가 없는 철저히 자기 규율성을 지키고 있다는 뜻이다. 이것은 현자가 아니면 지키기 어려운 것이다. 내가 뵙는 교수님은 이와 같으시다. 멀리서 바라보면 빛이 나는 것 같고 가까이서 뵈면 다정다감하시며 따뜻한 기가 전해진다. 마치 공자를 대하는 듯한 기분이랄까. 그러면서도 어쩔 땐 정색하시며 존칭어를 쓰실 때면 정신이 번쩍 나기도 한다. 이렇게 거리를 두면서도 다정다감하기란 어려운 일인데도 몸에 배신 것이다. 이는 하루아침에 이루어진 것이 아니라, 평생을 당신 스스로를 철저히 갈고닦으신 모습이 드러나는 것이다. 이는 많은 세월 동안 독서와 부단한 사색으로 정신을 가다듬어온 모습이 아닐까 싶다.

나오는 말

교수님을 화이부동和而不同이란 말로 일컬을 수 있다. 세속의 현실과 융화하면서도 세속의 때를 묻히지 않는, 세속의 때를 묻히지 않으면서도 세속의 현실을 투명하게 바라보시는 모습 그 자체이시다.

어느덧 한 잎 두 잎 나뭇잎이 낮은 곳으로 자꾸 내려 눕는다. 세상에 나누어줄 것이 많다는 듯이, 사람의 마을에 곰비임비 내려 눕는다. 지상의 삶의 고뇌와 노동의 무게를 다 내려놓고 자신을 성장케 해준 땅으로 내려 눕는다.

조락凋落과 소멸消滅을 떠 올리는 한 해 마지막 달 12월. 내면을 갈무리하며 스스로를 성찰하기 좋은 달이다. 소원했던 이웃들과 지인들의 안부로 분주한 달. 가까운 지인들과의 아쉬운 송년의 달. 무심하고 외면했던 것들과의 안부 인사로 마무리되어야 할 달. 그래서 12월은 분주한 달이다. 또한 하루가 아까운 12월이다.

밤길에 은행나무를 올려다보며 은행나무가 주는 교훈을 되새기곤 했는데 어느새 노랗게 불탔던 은행잎이 휑하니 비어 있다. 앙상한 겨울나무 채비를 이미 하고 있다. 삶은 이런 것일진대 무엇에 홀린 듯한 한해가 정신없이 가버린다. 그러면서 잊고 지낸 나이의 숫자를 되새겨 보기도 한다. 나는 아직도 30대 같은데 말이다.

이재무 시인은 겨울나무를 이렇게 노래한다.

이파리 무성할 때는
서로 잘 뵈지 않더니
하늘조차 스스로 가려
발밑 어둡더니 서리 내려 잎 지고
바람 매 맞으며

숭숭 구멍 뚫린 한 세월
줄기와 가지로만 견뎌보자니
보이는구나 저만큼 멀어진 친구
이만큼 가까워진 이웃
외로워서 단단한 겨울나무

교수님께서는 겸손하게도 스스로를 "이제 기억력도 없어지고 순발력도 떨어져 이제 더 이상 여러분들에게 보여드릴게 없습니다. 여러분들 앞에 서서 강의하는 것은 오늘로써 마지막입니다. 이것으로 제 마지막 강의를 마무리 짓겠습니다." 마지막 강의는 이렇게 마무리하셨다. 내가 느끼기엔 6년 전이나 지금이나 똑같으신데 하는 생각에 마음이 울컥 치밀어 오르며 맺힌 눈물을 꾹 참았다. 첫 강의도 조부님과 아버님 말씀으로 시작하셨으며 마지막 강의도 조부님과 아버님 말씀으로 마무리 지으셨다. 이제 교수님께서는 새로운 꿈을 꾸실 테고 그 꿈을 이루시길 제자 된 나로서는 바랄 뿐이다.

한국 서단을 위해 굵직한 일들을 많이 해 오셨는데 그동안 쌓아놓으신 업적으로 우리 후학들은 그 영향을 받아 좋은 여건 속에서 공부하고 있다. 붓을 쥐고 공부하는 제자로서 가슴 깊이 감사드린다.

아울러 지금처럼 건강하셔서 후학들을 위해 새순 파릇한 새봄에도, 6년 전 그 모습처럼, 단아하며 절제된 조용한 카리스마로, 강의하시는 멋진 모습을 가까이서 뵈었으면 하는 기대감으로 글을 맺는다.

04

우산 선생님의 신서예정신

최병규

유학 · 박사4기

이번 과제로 인하여 몇 년 전에 사 놓았던 『서예미학과 신서예정신』을 읽게 되었다. 선생님에 대한 글을 쓴다는 것이 글재주도 없는데다, 동양미학에 관한 지식이 일천한 필자로서는 어떻게 시작해야 될지 모르는, 너무나 어려운 과제였다. 여태껏 미루다 기한이 되어서야 일을 시작하는 못된 버릇대로 2주일 전부터 서가에서 책을 찾아서 보기 시작하였다. 책을 보면서 느낀 점은 우산 선생님을 처음 뵌 것이 2002년 곧 11년이나 되었는데도 선생님의 사상에 대해서 너무나 모르고 있었다는 것이다. 선생님의 양명학에 대해서 아는 것이 없고, 선생님의 서예사상에 관하여 깊이 아는 것이 없으니 어떻게 선생님을 모시고 있다고 할 것이며, 석박사의 지도교수님이라고 감히 말할 수 있겠는가. 정말 인간적으로 부끄럽고 죄송한 마음이 앞선다. 틈틈이 선생님의 다른 저서와 논문을 읽어 선생님이 얼마나 큰 산인지 아는 일이, 그리고 필자가 우산 선생님의 제자라고 당당히 말할 수 있게 선생님에 대해서 더 아는 일이 논문을 쓰는 것보다 더 중요한 과제라는 것을 느낀다.

현대사회의 위기와 그 해법

먼저 선생님의 저서인 『서예미학과 신서예정신』을 읽고 느낀 점을 순서 없이 나열해 보고자 한다. 필자가 이 책에서 느낀 점은 동양철학과 서예미학에 관한 책으로 생각하였으나 예상 밖으로 항목마다 비교되고 제시된 서양철학에 대한 폭넓고 깊은 사상적 깊이에 대해서 놀랄 수밖에 없는 선생님의 학문적인 깊이였다.

> 오늘날 우리 주변에서 일어나는 예술의 위기라는 이 혼돈에는 보다 근본적인 이유가 있다. 우리 예술의 위기는 바로 현대의

> 위기와 매우 밀접한 관련이 있다고 생각한다. 근현대는 이성만이 인간의 본질이자 세계의 본질이며, 이성 밖의 세계는 존재하지 않는다는 확신에 이끌려 왔다. 인간 이성에 대한 절대적 신뢰와 우월성에 바탕을 두고 탄생한 이성지상주의는 인간이 자연을 소유하고 지배하는 것을 당연시하는 인간 우월주의를 낳았다. 소위 '모더니즘(Modernism)'이라는 개념 속에 응집되어 그 위력이 발휘되었다. 예술도 마찬가지였다. 하지만 서구의 이성절대주의의 신념이 문제가 되고 있는 요즈음 이와 관련하여 21세기의 예술과 미학에서는 그동안 잊혀지고 은폐되었던 동양정신의 부활이 요청되고 있다. 공자의 인仁, 노자의 도道, 주역의 생생지도生生之道, 양명의 양지심良知心 등과 연계하여 이해될 수 있는 초이성으로서의 감성, 개별자들의 역동적 잠재력으로서의 우연성, 본원적 순수성 및 통시공간성인 보편가치로서의 고전성이 바로 우리가 찾고자 하는 동양정신의 정수라 하겠다. 그리고 이들 네 사상의 근본정신의 결합에서 창조되는 새로운 합리성은 바로 이 시대와 미래의 예술을 곧추세우는 지지대가 될 것이다.[1)]

이 글에서 현대 예술의 위기를 서양의 이성지상주의, 이성절대주의에 입각한 인간우월주의에 근원하고 있다고 보고, 21세기의 예술과 미학이 나가야 할 길을 그동안 잊혀지고 은폐되었던 동양정신에서 찾고 있다. 즉 공자의 인, 노자의 도, 주역의 생생지도, 양명의 양지심 등이 바로 우리가 찾고자 하는 동양정신의 정수라고 지적하고 있다. 이러한 사상이 우산 선생님의 신서예정신의 바탕이 되고 있다.

---

1) 송하경, 『서예미학과 신서예정신』, 46쪽.

하지만 인간사회는 이성주의자들이 바라는 것과는 상반되게, 결과적으로 인간 자신을 포함한 모든 것들이 지칠 줄 모르는 무자비한 욕구에 예속되는 체제로 전락해 버렸다. 인간의 해방을 철저하게 실현시켜 줄 것이라 믿었던 인간의 자연에 대한 지배는 점차 인간의 삶의 터전을 침식시켜가고 있다. 이제는 인간의 존재마저 위협받고 문제가 되는 시대로 바뀌었다. 최근에 이르면서 서양적 이성주의의 문제점과 그 죽음을 암시하는 갖가지 문화적 징후들, 또는 환경과 생태적 징후들이 곳곳에서 노출되고 있다.…중략…공자와 맹자의 인간중심적 자연주의는 물론 노자와 장자의 자연중심적 인간주의, 또는 양명학의 마음 중심적인 심물일체정신 등은 창조적 지양작업에 큰 도움이 될 것이다.[2)]

21세기 들어 인류에게 널리 회자되는 용어를 든다면, 환경과 생명의 문제, 자연생태계 위기, 비인간화 등 대부분 부정적인 것들이다. 인간을 우주의 중심에 두고 이성과 지능을 최대한 활용하여 과학과 기술을 개발하고, 그것을 이용하여 기계와 도구를 개발하는 사회적 경제적 시스템을 구축하였다. 이러한 산업문명사회 체제를 뒷받침하는 이데올로기가 바로 인간중심주의, 과학기술주의 등이라고 할 수 있다. 이러한 산업화로 인한 자연생태계 위기의 징후들은 전 지구적으로 나타나고 있다. 이러한 사상은 바로 자연을 지배와 정복의 대상으로 보는 약탈적 세계관 즉 인간중심적 세계관이 자리 잡고 있는 것이다. 이러한 생태계 파괴와 비인간화 문제를 해결하기 위해서는 자연의 본성에 기초한 새로운 세계관으로의 전환, 즉 패러다임의 전환이 있어야 한다. 그 패러다임의 전환을 우산 선생님은 바로 그동안 잊혀지고 은폐

2) 송하경, 상게서. 48쪽.

되었던 동양정신에서 찾고 있다. 즉 공자의 인, 노자의 도, 주역의 생생지도, 양명의 양지심 등이 바로 이러한 자연생태계의 위기, 비인간화 문제를 해결할 수 있는 새로운 패러다임으로 제시하고 있다.

21세기 신서예미학정신

20세기로부터 21세기로 갓넘어와 새로운 미래의 백년, 또는 천년을 조망해 보는 오늘의 시점에서 시대를 주목해 보면, 문화예술 전반은 세계화의 물결 속에서 과거의 고정적이고 수직적인 권위와 그 틀을 깨고 초월하여 개성의 다원성을 추구하기 위한 다양한 패러다임 창출에 여념이 없다. "선을 넘어 합으로"는 바로 문방사보에 의한 전통적인 획선 중심 · 붓글씨 중심 · 서예도구 중심 · 서예범주 중심의 서예에만 국한되지 않는, 바꾸어 말하면 전통 서예미학 중심의 서예를 안고 뛰어넘어 21세기적 조형언어造形言語로서의 '신서예'의 형식과 정신을 다양하고 새롭게 모색 · 추구하자는 것이다. …중략… 지금 우리에게 분명한 것은, 우리는 정보화, 세계화 시대로 일컬어지는 세기 전환의 시대 2001년을 살아가고 있다는 것이다. 오늘의 시대가 정보화 · 세계화 시대라면 그 중심 자리에는 컴퓨터를 이용하는 인터넷이 자리 잡고 있으며, 인터넷이 세상 모두를 바꾸어 가고 있다. 정치의 개념과 형태가 바뀌고, 경제 · 교육 · 윤리 · 예술의 개념과 형태가 바뀌고 있다. 개괄하여 말하면 일체 문화의 개념과 형태가 바뀌고, 문화 창조의 주체자인 사람의 의식과 행위가 바뀌고 있다. …중략… 과거와는 또 다른 동서양의 문화양식과 문화의식에 새로운 패러다임의 창출이 요구될 수밖에 없다. 동서양 간 여러 장르의 문화가 그 단절의 벽을 무너뜨리고 서로 넘나들면서 대화하고 교류하여야 하며, 동시에 동서양이 추구하고자 하는 문화의 참모습과 그 정체성이 어디에 무엇으로 있어야 할 것인가를 고뇌해야 할 시점에 와있다. 또한 오늘과 같은 초국경의 정보화, 세계화 시대에 3, 4천 년 전 한자 문화가 발생한 이래 한자문화권에서 줄곧 유행하고 발전하여왔던 서예 문화가 어떻게 하면 그 정체성을 유지할 수 있을 것이며, 아울러 어떻게 하면 전통서예를 뛰어넘어 정보화, 세계화 시대의 서예술로 재해석해낼 수 있을 것인가를 고민해야 할 시기에 와 있다고 생각된다.[3]

인터넷선 최초 연결 30여 년 만에 국내 IT 인프라 현황은 OECD 국가들 가운데 유선부문 4위, 무선부문 1위를 기록했다. 특히 가입률은 1위를 기록, 높은 이용자 가입률뿐만 아니라 초고속 인터넷 품질면에서도 세계 최고 수준임을 입증했다. 이렇게 급변하는 인터넷 인프라환경은 일반인들의 삶을 바꾸었으며, 모든 생활뿐만 아니라 세상 모두를 바꾸어가고 있다. 이러한 급변하는 시기에 우산 선생님은 21세기적 조형언어로서의 '신서예'의 형식과 정신을 다양하고 새롭게 모색 · 추구의 방향을 제시하고 있다. 즉 어떻게 하면 전통서예를 뛰어넘어 정보화, 세계화 시대의 서예술로 재해석해 낼 수 있을 것인가를 고민해야 할 시기에 와 있다고 말한다. 어떻게 보면 가장 낙후되고 뒤쳐진 분야인 서예계에서 우산 선생님의 이러한 지적은 그 누구도 시도하지 않는 서예계가 나아가야할 방향을 제시하고 있으며, 이러한 인터넷이 지배하는 초국경의 정보화, 세계화시대에 서예문화가 어떻게 하면 그 정체성을 유지할 수 있을 것인지에 대해서, 그리고 우리나라 서예계가 나아가야 할 올바른 방향을 제시하고 있는 것이다.

3) 송하경, 상게서. 114-115쪽.

20대 초반에 인도여행을 했고 히말라야 일대를 떠돌아다녔던 잡스는 미국으로 돌아올 무렵 삭발머리에 노란 법복을 입고 맨발에 샌들을 신고 있었다. 그는 불교를 믿었고 까다로운 채식주의자였다. 애플을 창업할 무렵 오리건주의 사과농장에서 선禪불교 동호인들과 참선수양을 하고 있었고, 그 사과농장에서 '애플'이란 브랜드가 나왔을 거라는 짐작도 있다. 이런 정황들이 잡스의 '동양적인 사유'를 설명하는 데 자주 인용되지만, 그가 말한 캘리그래피는 사실 한자 문명권의 서예와는 거리가 있는 알파벳 손글씨이며, 그의 미학이 중국의 전통 속에 들어 있는 공자의 미학에서 나왔다는 증거 또한 거의 찾기 어렵다. 아마도 잡스의 생각과 동양사상이 일치하는 점이 있다면, 그 이유를 미학적 접근 방식의 보편성에서 찾는 것이 더 설득력 있는 것일지 모른다. 잡스의 미학 혹은 디자인론은 '외관과 성능은 분리될 수 없다'로 요약되기도 한다. 디자인은 어떻게 보이느냐의 문제를 넘어서서 그것이 실제로 어떻게 작동하느냐의 문제를 담고 있다고 말한다. 이런 생각은 외관과 성능은 별개의 것으로 이해하던 종래의 관점을 파기한 것이다. 아이팟이나 아이폰은, 그 외관에 성능을 담고자 하는 그의 집요한 추구의 결과이다. 이것은 캘리그래피의 정신, 혹은 서예의 철학과도 맥이 닿아 있다. 서예는 형태라는 외관을 지니고 있다. 그 형태인 '글씨'는 다만 내용을 소통하기 위한 수단으로만 이해되기도 한다. 글씨는 글씨일 뿐이며 결코 그 내용이 될 수 없다는 관점이다. 그러나 서예는, 글씨가 그것이 함의하는 내용을 담고 있으며 그 함의하는 내용 이상의 무엇까지 담을 수 있다는 신념에서 출발한다. 글씨는 외관일 뿐 아니라, 그 자체가 내용의 일부이거나 내용의 다른 전체이다.[4)]

4) 2013. 12. 04 「아시아경제신문」, 이상국.

이 이야기는 우산 선생님이 "과거와는 또 다른 동서양의 문화양식과 문화의식에 새로운 패러다임의 창출이 요구될 수밖에 없다. 동서양 간 여러 장르의 문화가 그 단절의 벽을 무너뜨리고 서로 넘나들면서 대화하고 교류하여야 하며, 동시에 동서양이 추구하고자하는 문화의 참모습과 그 정체성이 어디에 무엇으로 있어야 할 것인가를 고뇌해야 할 시점에 와있다."라고 하신 말씀과 일맥상통한 점이 있다. 곧 이상국 기자가 이야기한 "아마도 잡스의 생각과 동양사상이 일치하는 점이 있다면, 그 이유를 미학적 접근 방식의 보편성에서 찾아야 할 것 같다."는 점에 동의한다. 서예는 "글씨가 그것이 함의하는 내용을 담고 있으며 그 함의하는 내용 이상의 무엇까지 담을 수 있다는 신념에서 출발한다. 글씨는 외관일 뿐 아니라, 그 자체가 내용의 일부이거나 내용의 다른 전체이다."에서 볼 수 있듯이 일관되고 정형화된 형식을 벗어나 동서양의 문화양식과 문화의식의 새로운 패러다임 창출에 있다고 할 수 있기 때문이다.

한국 신서예정신의 태동

그렇다면 오늘날 서예가들이 성경현전聖經賢傳처럼 떠받드는 소위 법서法書, 법첩法帖이라는 것들에 대해서 다시 생각해 볼 필요가 있다. 그것들은 그 나름대로 의미와 가치를 지니고 있는 수많은 여러 개별적 텍스트 중의 하나일 뿐이다. 법첩이라고 해서 고정불변한 의미와 가치를 간직하고 있는 것이 아니라는 말이다. 여기에서 서예가들이 더 주목해야 할 점은 오히려 그들 모종의 의미와 가치가 만들어지는 과정에 있다고 생각된다. …(중략)… 이제부터 지금 우리 시대의 서예는 전통서법지상주의

> 를 뛰어넘어 서예 그 자체의 유희성에 주목하면서 자유를 추구하여 가는 신서예미학정신에 충실해야 할 것이다.[5]

> 21세기적 신서예미학정신의 입장에서 보면 신서예의 대두는 논리상으로 전통서예의 종말을 의미하는 것이겠으나, 현실적으로는 전통서예의 종말이 아니라 전통서예의 지속적인 탄생이라고 말하겠다. 이런 의미에서 신서예는 전통서예미학의 아방가르드, 즉 정신적 전위서예라고도 말할 수 있다. …(중략)…그러므로 전통서예미학에 대한 비판적 반성 개념으로 발전된 '신서예미학'의 '신新'자는 역사적 · 철학적 의미 차원에서 여러 가지로 구별될 수 있겠다.[6]

이와 같이 우산 선생님은 이러한 바람을 서쪽에서 불어오는 변화의 바람이라고 하였으며, 미국에서 불어오는 신자유주의 바람[7]이라고 하였다. 외부로부터 불어온 변화의 바람은 지극히 전통지향적이고 현실 안주적인 한국서단에 변해야 살 수 있다는 경종과 자각의식을 일깨워 상당한 변화를 이끌어 냈다. 즉 서예는 그 정체성을 간직하면서도 다른 장르와 벽을 트고 많은 교감을 이루어야 한다는 생각, 과거의 인습대로 선생님의 체본이나 법첩만을 닮아가는 것이 능사가 아니라 자기의 개성을 표현해야 한다.[8]는 생각으로 변화에 대응하고 앞서 나가야 하는 것이다. 전통을 지켜야 한다는 고정관념을 버리고 자기만의 독특한 추상적인 유희성을 가미한 작품세계를 열어가야 한다는 것이다.

---

5) 송하경, 상게서. 127쪽.

6) 송하경, 상게서. 127쪽.

7) 19세기의 자유방임적인 자유주의의 결함에 대하여 국가에 의한 사회 정책의 필요를 인정하면서도, 자본주의의 자유 기업의 전통을 지키고 사회주의에 대항하려는 사상.

8) 송하경, 상게서. 159쪽.

> 한국서단에 서예비평이 진작되기 시작한 것은 겨우 몇 년 전의 일에 지나지 않는다. 민주적분위기가 조성되지 못한 권위주의적 풍토에서는 창작집단 내의 계층과 등급이 확연하고 존비의 한계가 뚜렷하다. 그러므로 이런 권위주의적 풍토에 군림하고 있는 서예군주가 서예왕국을 건설하고 있는 한 양심적인 비평가가 탄생하거나 존재하기란 대단히 어렵다.[9]

이 말은 현재 대한민국의 서예계에 한쪽 발끝이라도 담근 적이 있는 사람이라면 누구나 동감할 것이다. 아니 동감을 떠나 분노하는 사람도 있을 것이다. 필자는 1994년부터 동방연서회에서 서예를 시작했다. 동방연서회에서 서예를 배우는 분위기와 출강오는 강사를 따라 그분의 내제자內弟子로 들어갔을 때의 분위기는 완전히 달랐다. 그분이 기존 제자들을 대하는 태도는 거의 하인 대하듯 육두문자는 예사였으며, 심지어 술자리에서 물리적 폭력도 행사하는 모습을 보고는 그 '대가'의 문하를 박차고 나와 버렸다.

필자는 평소에 서예를 하면 당연히 글자(한문)를 알아야 하며 해석도 해야 한다고 생각하였다. 그러나 한자는 고사하고 이체자가 뭔지도 모르면서 선생의 체본만 반복해서 똑같이 쓰는 제자들의 모습에서 환멸을 느꼈다. 필자는 '한학을 배우지 않은 서예가는 선비가 아니다'라고 생각해 왔으며, 적어도 서예가라면 '자기가 쓴 글은 해석할 줄 알고 써야한다'고 믿어왔다. 글씨만 쓰는 그들은 선비가 아닌 단언코 '서예기능인'일 뿐이다. 이러한 분위기에서 필자는 서예보다는 한문을 배우는 것이 우선이라는 생각에 2002년 전통문화연구회에 들어가 한문을 배우기 시작했고 그

9) 송하경, 상게서, 163쪽.

해 가을에 성균관대학교 대학원에 입학하게 되었다. 10여 년이 지난 지금 필자는 그 때의 선택을 조금도 후회한 적이 없다. 간혹 인사동에서 지인들의 서예전 개막전에 참석했을 때 소위 대가라는 분들의 권위적인 태도가 너무나 제한적인, 우물 안의 그들만의 권위라는 생각에 실소를 하게 된다. 초서간찰을 다년간 공부한 필자가 볼 때 아무리 대가라는 사람이 썼을지언정 필자의 눈에는 자전에서 한자씩 따와서 조합한 반쪽짜리 작품이라는 생각을 하게 된다. 선생님이 지적하신 서예 '군주君主', 서예 '왕국王國'라는 표현은 너무나 정확한 지적이다. 그들 '대가'의 작품이 현관문 한 짝 크기가 오백만 원, 천만 원을 호가하는 가격은 바로 그들만의 가격인 것이다. 어찌 한 줄 해석도 할 줄 모르는 '대가'의 작품가격이 이백 년, 삼백 년 된 조선시대 제법 이름 있는 선비의 작품보다 더 비싸단 말인가. 과견가소過犬呵咲할 일이다. 이러한 풍토에서 제대로 된 서예비평은 거의 불가능하다고 할 수 있다.[10)]그러나 우산 선생님은 일제강점기의 서예가를 그 친일 정도에 따라 정확하게 비평하였으며, 현대 서단의 작고한 서예가뿐만 아니라 활동하고 있는 서예가까지도 객관적인 기준에 의하여 냉철히 비평하고 있다. 현재의 서단에서 우산 선생님이 아니면 누구도 할 수 없는 일을 해 오신 것에 대해서 최대의 경의를 표한다.

'신서예'는 '우산 송하경'이라는 브랜드의 실질적 명칭이자

10) 우산 송하경 선생님은 상게서 164쪽에서 서예비평가의 조건을 다음과 같이 제한하였다.
1. 독립적 사고를 할 수 있는 사람이어야 한다.
2. 권력이나 집단의 압력과 간섭에 대응할 수 있는 용기와, 시폐(時弊)를 과감히 지적해 낼 수 있는 용기를 갖춘 사람이어야 한다.
3. 주체의식의 이론적 강화를 부단히 증진 시켜가는 사람이어야 한다.
4. 돈과 권력에 절대 유혹되지 않는 사람이어야 한다.

그 내용이라고 하여도 과언이 아니다.[11] 우산 선생님은 1988년 올림픽 개최 이후 예술의전당에 서예관이 개관되고, 원광대학에 서예과가 개설됨에 따라서 미래의 한국서예를 전망하며 내세운 깃발의 구호내용이자 캐치프레이즈이며, 서예의 새로운 개념이라고 하였다. 우산 선생님이 제시한 신서예는 좁은 의미에서는 전통서예와의 대대개념이며, 넓은 의미에서는 전통서예를 하나로 묶어 안으면서 새로운 차원으로의 발전이라는 포괄적인 개념이며, 형이상학적으로는 주체와 우주정신의 합일이라는 서예문화 전통정신을 계승하면서도, 전통형식을 그 자리에 남겨둔 채 그로부터 고도의 새 경지로 뛰어넘으려는 초월적 개념이라고 했다. 구체적으로는 현실세계에서 허구와 현실, 장르와 장르간의 경계를 허물고 뛰어넘어 서로 대화하고 만나면서 할 수 있는 모든 가능성을 총동원하여 다양한 가치와 형식을 창출하려는 실용적인 개념이라고 정의하였다. 또한 오늘의 시대는 불확실성의 시대이며, 이런 시대일수록 신서예정신의 고양이 더욱 절실히 요구된다고 하였다. 21세기 정보화시대를 맞이하여 각 대학의 서예과가 폐과되고, 초중고에서 서예한문교육이 점점 외면받는 이 시대에 서예인들의 설 자리는 점점 좁아지고 있다. 필자가 아는 다수의 사람들도 서실을 그만두고 전업하거나 시골로 내려가는 이러한 현실에서 우산 선생님은 냉철하게 우리 서예계가 나아가야할 방향을 정확히 지적해주고 있다. 그 실천은 이러한 상황을 직시하고 우산 선생님에게 가르침을 받은 우리 제자들의 몫이라고 할 수 있겠다.

11) 송하경, 상게서, 180쪽.

05

송하경 선생님 수업을 듣고

김진구
무용 · 박사3기

이번 〈한국미학 · 예술특강〉 송하경 교수님의 수업은 철학을 모르는 저로서는 많이 어려운 수업이었습니다.

한국무용계가 2000년도부터 너무 긴 시간 동안 정체기를 격고 있으면서 한국창작춤이 서양 현대무용을 모방하는 춤으로 변해가고, 한국춤의 정체성이 없어지고 있는 현실에 그 문제점이 무엇인가를 고민하게 되었습니다. 이것은 한국창작춤을 하는 사람이라면 누구나 하는 고민이고 해결방법을 찾으려 노력하고 있습니다. 이에 성균관대학교 유교철학과나 동양철학과에 무용하는 사람들이 요즘 많이 진학하려는 이유라 생각됩니다.

한국춤을 추기 이전에 한국춤의 사상적인 측면을 알고 그 사상에서 나온 미학적인 부분을 알아야 한국창작춤이 앞으로 발전할 수 있다는 생각에서 저는 이번 수업을 수강하게 되었습니다.

"자기식의 철학, 미학을 가져라! 아주 작은 꿈을 갖고 자기혁명을 일으키고 살아라!"라는 교수님의 말씀에 한국춤을 하는 저는 많은 생각을 하게 되었고, 이것이 한국춤이 앞으로 해결해 나아가야하는 과제라 생각합니다.

먼저 교수님께 죄송하다는 말씀 드리고 싶습니다. 이번학기 수업을 수강하면서 저의 의욕과 다짐과는 상관없이 공연이 많았고, 아버지의 부고와 함께 집에 부도가 나면서 수업에 충실하지 못한 점 정말 죄송합니다.

수업에 착실히 참석해도 잘 이해되지 않는 부분이 많았을 텐데, 수업에 참여하지 못함으로 인해서 더욱 더 수업시간의 내용이 어려웠습니다. 철학을 잘 모르는 저로서는 교수님의 수업에서 한국무용과의 연관성을 찾아내어 잘 연결을 해야 하는 과제를 안고 수업에 임하게 되었습니다. 교수님이 차분하게 비유를 하며 설명해주시는 강의에서 어려웠던 용어와 내용을 이해하기 좋았습니다.

단군신화에 깃들여져 있는 미학적인 부분은 제가 공부하고자 하는 부분에 너무 많은 도움이 되었으며, 기회가 있으면 다시 한 번 더 듣고 싶습니다. 또한 한국춤을 전공하는 사람이라면 꼭 들어야 되는 수업이라 생각되며, 이 수업이 교수님의 마지막 수업이라는 점이 매우 안타깝습니다. 하지만 교수님의 수업을 수강할 수 있어서 제겐 너무 행운이라는 생각을 하게 합니다.

한자에 익숙치 않아서 모르는 뜻도 많아 집에 와서 옥편을 들추면서 그동안 나의 무지함과, 얼마나 공부를 안 했었는지에 대한 반성의 시간을 갖게 해주는 수업이었습니다.

한국춤은 서양의 미학으로는 설명할 수 없는 부분들이 많았지만, 한국미학에서는 그 설명이 가능하며, 제가 모르는 부분의 미학용어가 한국춤의 미학적인 부분에 대해 설명이 가능하다는 것을 알게 되었습니다. 즉, '외적형상미', '내적진정미', '주체미학', '애민미학', '절제미학', '묘합미학' 등 이같이 생소하고 어려운 미학 용어들로서 한국춤이 갖고 있는 예술 정신을 설명할 수 있다는 것을 알게 되었습니다. 또한 한국창작춤을 할 때 반드시 이것들을 생각하며 안무해야 정체성을 잃어가고 있는 한국춤이 발전할 수 있다는 것을 깨달았습니다.

한국춤은 서예와 많이 상통하는 부분들이 있습니다. 춤의 '학체, 궁체, 필체'라는 춤사위의 분류에서 알 수 있듯이 서예의 글씨체를 본떠서 만든 부분과 여백의 미라는 부분들은 한국춤과 서예가 함께 공유하는 기법이 아닌가라는 생각을 합니다. 이러한 부분에서 서예미학을 하신 교수님의 설명을 더 잘 이해할 수 있었습니다.

예술은 마음에서부터 이루어지며 마음으로부터 나온다는 말에 크게 공감합니다. 또한 비평을 하시는 부분에서 잘 모르는 사람의 작품은 비평을 안 하신다는 교수님의 말씀 존경합니다. 작가를 알아야 작가의 작품을 정확히 판단하신다는 생각도 공감합니다.

송하경 교수님께서는 전통적 유가 집안에서 주자학을 공부하시다 대만으로 가셔서 양명학을 공부하신 분으로, 교수님 글에서 비유를 하신 것을 보면 감수성이 풍부하신 것을 알 수 있었습니다. 또한 자신만이 가지고 있는 내적 주관이 강하십니다. 말씀하시는 중간에 간간히 하시는 유머스러움과 말투에서 느껴지는 여유로움, 사투리 속에 드러나는 친근감이 어려운 수업임에도 불구하고 교수님의 강의를 더 듣고 싶다는 생각을 하게 합니다.

다시 한번 집안의 사정으로 인해 교수님 수업에 충실하지 못했던 점 죄송합니다. 그리고 기회가 된다면 다시 한번 교수님의 수업을 듣고 싶습니다. 한 학기 동안의 강의 너무 감사합니다. 너무 많은 것을 깨닫고 배워가는 수업이었습니다.

06

내게 비추어진 송하경

오도열

유학 · 박사3기

서론

비평이란 어떤 대상에 대해 미추美醜, 선악善惡, 장단長短, 시비是非, 우열優劣 등을 평가하여 논하는 것을 말한다. 이미 완성된 대상을 올바르게 비평하기 위해서는 그 대상보다 대등하거나 더 높은 식견, 용기 등을 필요로 한다. 이에 대해 송하경은 『한국서예비평학회』「창간의 말씀」에서 훌륭한 비평가의 요건으로 겸손을 제1의 덕목으로 갖추고, ①주제에 대한 개념과 확고한 자기신념, ②문화의식과 투철한 비평의식, ③뚜렷한 사관史觀과 열린 비평안批評眼, ④뛰어난 감각, 섬세한 정감, 숙련된 기능, 편견 없는 지식의 구비, ⑤문화에 관한 폭넓은 지식, ⑥기타 인문학적 소양의 고른 축적을 갖추는 외에, 주체의식의 이론적 강화를 부단히 수행할 것과 타인의 압력과 간섭에 과감히 대응해 나아갈 수 있는 용기가 있어야 한다[1]고 하였다.[2] 논자는 이에 한 가지를 더하고자한다. 바로 글 쓰는 이의 '양심'이다. 공평무사한 작가의 양심은 비평에 있어서 혼과 같은 것이다.

진정한 스승에 대하여는 그림자도 밟지 못하고, 눈길조차 마주 대하기 두려운 것이 스승을 대하는 제자의 입장인 것이다. 스승도 한 인간인데 찾고 또 찾는다면야 어찌 티끌 같은 비평꺼리조차 없을 수야 있겠는가마는, 높고 높은 스승에게서 그 티끌 같은 허물을 찾아내어 억지로 글을 쓴다 해도 그것은 주어진 과제를 해결하기 위하여 쓴 비평을 위한 비평 밖에 또 무엇이겠는가?

---

1) 『서예비평 1호』「창간의 말씀」 한국서예비평학회. 2007. p7

2) 본 비평의 요건은 '서예비평가의 비평 요건'이나 본 고의 주제는 제자의 입장에서 스승의 총체적인 면을 비평하는 연유로 서예라는 범위를 폭넓게 변환하여 서술하였음.

또 쉽게 비평할 수 있는 스승이라면 어찌 진정한 스승이라고 할 수 있겠는가? 이에 논자는 오늘 '宋河璟을 비평하라'는 주제의 숙제에 대하여 무엇보다도 양심적인 글을 쓰고자 한다. 여기서 양심이란 무엇이겠는가? 그것은 나를 속이지 않는, 내가 느끼고 있는 것을 진솔하게 쓰는 것이다. 나는 송하경(이하 피평자라 칭함)으로부터 무엇을 보았으며, 그 분의 그림자는 내게 어떻게 비추어 졌는가 하는 것을 솔직하게 풀어 놓은 것이 바로 양심적인 글일 것이라는 판단하에 '내게 비추어진 송하경'이라는 주제로 글을 전개하고자 한다.

논자가 피평자로부터 동양예술에 관해 직접적으로 지도를 받은 기간은 대체로 석·박사 기간 합하여 5년 가까이 된다. 그 기간 동안 무수한 가르침을 받았지만, 무엇을 배웠는지 곰곰이 돌이켜 생각해 보면 구체적으로 떠오르는 지식보다도 그 분의 느낌(인상, 직관)이 강하게 남아 있다. 이 느낌이라는 것이 무엇인가? 그 느낌은 바로 그 사람의 모든 것이다. 본고는 주제의 특성상 비평의 틀을 배제하고, 논자의 직관적 관점에 의해 투영된 피평자 내면의 총체적인 면을 서술하는 방식으로 글을 전개하고자 한다.

본고는 그동안 수학하여 오면서 많은 깨우침을 받아왔던 스승 송하경을 심고深考함으로써 논자의 학문의 표지로 삼는 것을 목적으로 한다.

본론

한 사람의 인물됨을 평할 때에는 우선 그 사람이 사회에서 행한 업적을 통하여 그 가치를 평가한다. 겉으로 드러난 그 업적의 대소大小, 선악善惡, 공사公私적 효력 등에 따라서 그 일을 행한 사람의 인물됨도 따라서 논하게 된다. 그 인물됨을 논할 때에는 평자의 시각적 차이에 따라서 다른 평이 나올 수 있는 것이다. 그것은 그 평이 다분히 주관적 관점에서 이루어지기 때문이다. 그렇기 때문에 올바른 평가가 되기 위해서는 주관적 관점을 최소화하고 주변 사람들의 관점도 함께 고려해야만 한다. 또한 그 평을 하게 된 동기와 평자와 피평자의 관계의 고려가 선행되어야 한다. 그래야 주관적 사고로 인해 일어날 수 있는 관점의 차이를 이해할 수 있기 때문이다. 이러한 차원에서 본고는 논자가 피평자를 알게 된 동기를 먼저 간략히 밝히고, ①서단과 학술계에서의 활동, ②자신에 대한 혁명 ③나는 송하경으로부터 무엇을 배웠는가? 라는 단원으로 나누어 피평자를 조명해 보고자 한다.

2009년 3월 첫 주, 성균관대학교 유학대학원 석사과정 수업이 시작 되었다. 서예를 하며 수년간 막연하게 마음속으로 동경해오던 수업에 참여하게 된 소감은 그저 가슴이 뻐근한 감동 그 자체였다. 그곳에서 피평자를 처음 보았다.

1996년 늦가을, 홀로 지리산엘 간 적이 있었다. 이미 단풍도 끝날 무렵이었는데, 수북이 쌓인 낙엽냄새를 맡으며 인적 드문 산길을 걷고, 어둠속에서 천왕봉에 앉아 진주시내의 불빛을 내려다보기도 하면서 지낸 이틀간 진정한 자연의 아름다움을 보았다. 논자는 그날 이 세상은 함부로 세월을 낭비하며 살아서는 안될 만큼 소중한 가치의 아름다움을 지니고 있다는 것을 느꼈다. 이 아름다운 세상을 어떻게 살아야 나중에 후회하지 않을 것인가 하는 화두를 지니고 몇 달간 궁리를 했다. 내 삶을 윤택하게 해줄

것을 찾다가 시작하게 된 것이 서예이다.[3)]

그래서 찾아간 곳이 의정부에 있는 백석서예학원이었다. 그 학원에는 두 개의 사진이 걸려 있었다. 한 분은 그곳 선생님의 스승이신 하석 박원규선생이었고, 또 한분은 흰 무명으로 지은 두루마기에 갓을 쓴 수염이 하얀 모습의 노인이셨는데, 박원규선생의 스승님이신 강암선생님이셨다. 그곳에서 십수 년을 공부해 오면서, 그 서가의 학풍을 이어가며 훌륭한 스승에 대해 긍지를 지니는 모습은 내게 부러움의 대상이었다. 그때 즈음 서예잡지와 입소문을 통하여 대학교에서 서예이론을 강의하는 곳이 있는데 그곳엘 가면 훌륭한 선생님의 강의를 들을 수 있다는 말을 들었다. 그곳에서 피평자의 이름을 처음 들었고, 성균관대학교 대학원엘 가면 강의를 들을 수 있다는 사실을 알았다. 그러나 대학원에 입학한다는 것, 그런 훌륭한 석학들의 수업을 듣는다는 것은 막연한 꿈이었을 뿐 감히 내가 그런 곳에서 공부를 할 수 있으리라고는 처음에는 감히 짐작조차 하지 못했었다. 그러나 2009년 3월, 성균관대학교 유학대학원에 입학하게 되었으며, 그곳에서 피평자의 수업을 직접 듣게 되었다.

1) 서단과 학술계에서의 활동

1989년 한국서예협회 창립

1995년 1월 한국양명학회 창립, 제1 · 2대 회장

1996년 세계서예전북비엔날레 창립, 제1 · 2 · 3대 조직위원장

1998년 동아시아 문화포럼 창립, 제1 · 2대 회장

---

3) 한 인물을 비평하는 글에서 굳이 논자의 사적인 역사를 밝히는 이유는 그날 지리산에서의 일은 논자의 인생의 전환점(어떻게 살 것인가를 결정하는)이었고, 그 전환이 피평자를 만나게 된 중요한 사건이었기 때문.

1998년 한국서예학회 창립, 제1대 회장

1999년 한국동양예술학회 창립, 제1 · 2대 회장

2007년 한국서예비평학회 창립, 제1 · 2대 회장

이러한 일련의 활동들(굵직한 활동만 나열함)은 넓게는 더 나은 사회를 만들기 위한 헌신이고, 좁게는 학계와 예술계를 바르게 이끌고자 하는 노력의 산물이다. 물론 이러한 노력들이 모두 좋은 결실만을 맺은 것은 아니다.

그러나 중요한 것은 이러한 노력이 자신의 영달을 위해서 행해진 것이 아니라는 점이다. 만약 한 가지라도 자신의 사리사욕을 추구했다면 말 많고 소리 많은 사회에서 어찌 구린 소리 한번 나오지 않았겠는가?

2) 자신에 대한 혁명

동양철학 사상에서 중요하게 다루고 있는 말로 '성어중형어외誠於中形於外'[4]가 있다. 이 말은 속에 있는 성誠은 겉으로 드러나기 마련이라는 말이니, 눈에 보이는 외면뿐 아니라 그 사람이 이룬 모든 행적을 통하여 그 사람의 진면목을 알 수 있다는 말이다. 한 인간이 이 세상에 태어나 살아간다는 것은 일생을 통하여 자신의 신화를 이루어 나아가는 것이라 할 수 있다. 바로 '자아自我의 신화神話'를 이루어 가는 것이다. 피평자는 "우리 삶의 모든 행동의 궁극적 목표는 신화를 이루어내는 것."[5]이라고 하였다. 이 말은 이 세상의 생명이 있는 모든 것들의 존재의 이유이

4) 『대학(大學)』

5) 성균관대학교 대학원 유학과 2013년 가을학기 『한국미학 · 예술학특강』 「단군신화에 담긴 미학적 은유」 수업시간에.

며, 삶의 목적을 의미하는 것이라 할 수 있다. 이러한 이유로 우리는 한 인간을 평가할 때, 그 사람이 행한 업적을 통하여 그 사람의 삶의 가치를 평가하는데, 겉으로 드러난 공을 통하여 그 내면을 들여다봄으로써 그 인물됨을 평하는 것이다. 그 '인생의 가치'라는 것은 그 사람에게 주어진 환경에 얼마나 많은 수고와 용기와 피땀, 그리고 그것이 얼마나 공적 효력(선의 가치기준)을 지닌 일인가를 가려서 그 시대, 그 지역의 객관적인 잣대로 평가하는 것이다. 피평자가 행한 서단과 학술계에서의 활동에 대한 평가는 굳이 서술하지 않아도 모두 해당 단체에서 이미 알려진 바이다.

논자는 개인적으로 피평자가 많은 일들을 해올 수 있었던 힘의 원천은 대만 유학시절에 익힌 용기와 노력 덕분이 아닌가 생각한다. 한 시절 꿈을 이루기 위해 자신을 뜨겁게 달구었던 사람이 또 더 큰 일들을 해낼 수 있기 때문이다. 브라질의 작가 파올로 코엘료는 『연금술사』에서 이러한 이야기를 들려주고 있다.

어린 산티아고는 어느 날 성직자가 되기를 바라는 부모님의 기대를 뒤로하고, 옛 스페인 금화 세 냥을 지니고 자신이 원하는 삶을 살기 위해 양치기를 시작으로 생의 여로를 떠난다. 그 여로의 목적은 삶의 목표인 보물[6]을 찾기 위한 것이었다. 여행 중에 집시의 여인, 늙은 왕, 도둑, 화학자, 낙타몰이꾼, 아름다운 연인 파티마, 사막의 침묵과 죽음의 위협 등 많은 사람과 갖은 유혹과 공포, 고통들을 맞닥뜨리면서 우여곡절을 겪다가, 마침내 연금술사를 만나 사막 건너의 피라미드에 도착한다. 여기서 그는 지나가던 한 병사로부터 그도 보물을 찾으려 했다는 말 속에서 깨달음을 얻어 고향으로 돌아와 과거에 머물던 교회 터에서 자신의

6) 보물: 소설 속에서는 이 보물이라는 상징적 물(物)을 통해 삶의 목표를 표현함.

보물을 찾게 된다.

이 이야기의 주제는 인간은 '자아의 신화'를 찾기 위한 여정 속에 자신의 존재의미를 찾는다는 것이다. 스스로 생각하지 않고, 세파에 휘둘리며 맹목적으로 정신과 육체를 맡겨둔 채 흘러가는 인간은 무가치한 삶을 사는 것인데, 이것을 해결하기 위해서는 자기의 혁명을 통해서만 가능한 것이다. 이 혁명은 자기를 혁신하려는 용기와 세상에 당당하게 맞설 수 있는 투지를 필요로 한다. 결국 이 우주의 한복판에서 스스로의 존재가치를 바르게 가지려면 자신의 의지를 지니고, 세상이라는 저항에 당당히 맞설 수 있어야 하는 것이다. 세상과의 갈등을 감당하고 이겨내는 인간은 비로소 우주의 한 생명으로 당당하게 서 있는 자신의 존재를 느끼게 되고, 자신의 존재감을 온 가슴으로 충만히 받아들일 수 있게 되는 것이다. 인간 개개인의, 그리고 우주에 자리 잡고 있는 모든 사물의 존재는 서로 맞물려 조화와 합일을 이루고 있는 동시에 각기 다른 고유의 존재의미를 지닌다. 그들은 각자의 존재의 의미에 충실하며 살아간다. 그것이 바로 존재의 성실성이며, 자신에 대한 사랑인 것이다.

맹자孟子는 성性과 명命에 대하여 "입이 좋은 맛을, 눈이 아름다운 색을, 귀가 고운 소리를, 코가 향기로운 냄새를, 사지가 편안함을 좋아하는 것은 성性의 바람이나 그것을 누리는 데에는 명命이 있기 때문에 군자는 이를 성性이라 하지 않는다."[7]라고 하였다. 인간은 육신이 편안하고, 오감을 즐겁게 해주는 것을 좋아하게 되어 있다. 그것은 생명이 있는 것이면 모두가 바라는 바이

---

7) 『孟子』「盡心 下 第24章」"孟子曰 口之於味也 目之於色也 耳之於聲也 鼻之於臭也 四肢於安佚也 性也 有命焉 君子不謂性也."

다. 바로 성性이며, 성性에서 발현된 정情인 것이다. 그러나 군자는 반드시 그것을 추구하지 않는다. 하늘이 준 저마다의 마땅한 삶이 있기 때문이다. 그것이 명命이다. 그것은 또한 의義라고도 할 수 있으며, 시중時中이라 할 수도 있는 것이다. 하늘은 인간에게 주어진 시기와 장소에 따라 마땅히 취해야 할 바가 행해지기를 원하는데 그것이 명命인 것이다. 때에 따라서 성을 버리고 명을 지키기를 바란 것은 오감을 즐기는 것 너머에 인간이 추구해야 할 참가치가 있기 때문이다. 그러나 모든 인간이 그 참가치를 찾기 위해 일신상의 안락함을 포기하고 인고의 시간들을 보낼 수 있는 것은 아니다. 아무나 할 수 없기 때문에 그것을 행하는 사람을 군자라고 말한다. 바로 하늘의 명을 깨닫고, 스스로의 삶을 닦을 줄 아는 인간으로써, 스스로를 사랑하는 사람만이 가능한 것이다.

인간은 선천적으로 고통을 싫어하고 안락함을 좋아하기 때문에, 새로운 도전을 통해 자신의 삶의 가치를 찾아 나가는 것은 아무나 할 수 있는 것이 아니다. 하늘이 인간 각자에게 부여한 명이며 영혼의 목소리인 마음속의 진정한 울림을 들을 수 있는 능력과 실천하는 용기를 지닌 자만이 '자아의 신화'를 창조할 수 있는 것이다. 하늘은 그렇게 스스로를 지극히 사랑하는 인간을 결코 외면하지 않기 때문이다. 소설 속 주인공 산티아고는 원하는 삶(보물)을 살게 해달라고 신에게 곡진한 기도를 하면서, 그 기도를 통하여 만물의 정기 속으로 들어가게 되는데, 그 만물의 정기가 곧 신의 정기이고 또한 자기 자신의 영혼임을 깨닫는다. 여기서 자신을 진실로 사랑하는 자를 신은 버리지 않는다는 것을 깨닫게 된다.

이 책에서 작가가 전하고자 하는 메시지는 한 생명이 한 생명으로서 마땅한 가치를 지니고 살아가기 위해서는 우주 속의 한 부분인 자신이 바로 또 그 우주 자체라는 것을 인지하고, 스스로를 지극히 사랑함으로써 비로소 그 가치를 지닐 수 있다는 것이라 논자는 판단한다.

자신의 삶을 진정으로 사랑하고, 용기로써 제 앞길을 열어가는 자만이 그 승리의 성취감을 얻을 수 있는 것이다. 논자는 피평자의 대만 유학시절의 이야기를 듣고 이 소설 속 주인공 싼티아고의 '자아의 신화'를 생각했었다. 그것은 어렵게 이룬 사람만이 느낄 수 있는 만족감이며, 스스로에게 수여하는 훈장의 무게 같은 것이었다.

3) 나는 송하경으로부터 무엇을 배웠는가?

철학, 미학의 배움은 머리로 하는 것이 아니고 가슴으로 하는 것이라고 나는 생각한다. 그것은 지식을 배우는 것이라기보다 지혜를 배우는 심心의 학문이기 때문이다. 지난 수년간 피평자로부터 수업을 받아 오면서 많은 철학, 사상, 미학이론들을 지도받아 왔는데, 수업시간에 들은 것 중의 몇 가지는 귀가하는 전철 속에서 눈을 감고 앉아있는 동안 내내 가슴 속에서 메아리처럼 여운을 남기고 뱅뱅 돌고는 했었다. 그것은 아주 조금씩 나를 감화시키면서 나의 삶의 방식, 혹은 삶의 지표를 인식하는 방법에 영향을 주어왔다. 하나의 작용은 감응을 통해 현상을 일으키는데, 그 드러난 현상에 의해 작용을 주도한 주체자의 평가가 이루어진다. 이처럼 사제師弟간의 평가는 제자의 감응의 정도에 따라 스승의 가치가 정해지는 것이다.

피평자는 다수의 예술단체, 학술단체를 창립하고 유지해 왔다. 그러한 단체를 세우고 유지하는 것은 금전이나 권력으로 이룰 수 있는 것이 아니다. 그 단체들은 진리를 탐구하는 도장으로써 한국 서단, 혹은 학예계의 두뇌부분에 해당하는 인문학적 소양의 산실 역할을 해 왔다. 이처럼 막중한 책임을 진 단체를 창립 혹은 주제하는 사람은 그에 맞는 학식을 갖추고 있어야 한다. 피평자는 이 단체들을 통하여 한국 서단이 올바로 발전할 수 있기를 고대하면서 긴 시간 온축해 온 지식을 투자하였다. 이런 단체들을 이끌고, 많은 제자를 길러온 힘은 어디서 나온 것인가? 그것은 경敬, 용勇, 겸謙, 성誠에서 나왔다고 논자는 판단하였다.

① 경敬 : 경에 대하여 정자程子는 주일무적主一無適이라고 하였다. 곧 마음을 하나로 통일하여 일체의 망상 잡념에 흔들려 나감이 없도록 하는 자기수행을 뜻한다. 또 『심경心經』에서 경敬에 대하여 "대체로 사람의 마음을 두 가지에 쓸 수 없으니 한 가지 일에 쓰면 다른 일이 능히 들어 올 수 없는 것은 사事가 주인이 되기 때문이다. 사가 주인이 되어도 생각이 분분하고 어지러운 근심이 없어지거늘, 만약 경에 주력한다면 어찌 이러한 근심이 있겠는가?"[8]라고 하였고, 또 맹자는 이와 비슷한 말로 "반드시 호연지기浩然之氣를 기름에 효과를 미리 기대하지 말고, 마음속에서 잊지도 말며, 억지로 조장하지도 말라."[9]고 하였다. 모두 학문을 하는 방법에 대하여 논하고 있다. 물론 이 공부는 사私를 위한 공부가 아니고, 공公을 이루기 위한 공부를 말함이다.

---

8) 『心經』 "大凡人心不可二用 用於一事 則他事不能入者 事爲之主也 事爲之主 尚無思慮紛擾之患 若主於敬."

9) 『孟子』 「公孫丑上」 "必有事焉 而勿正 心勿忘 勿助長也."

피평자는 오로지 유학(양명학), 그리고 그 유학의 열매격인 동양미학을 평생 동안 천착해 왔다. 경의 자세로 한 가지 학문에 일관해 오면서 그동안 쌓여온 지식들이 가슴속에서 온양되어 오늘의 학문이 이루어진 것이다.

② 용勇 : 용기에 의해서 이루어진 일들은 다음과 같다.

– 어려운 상황에서의 대만 유학.

– 당시로써는 본인에게도 생소했고, 한국의 기존 유학계 입장(주자적 입장)에서 보면 정통성을 인정받지 못할 수도 있는 양명학을 고집스럽게 학문하여 그 뿌리 매김에 힘을 더했고, 이를 토대로 유학의 동양예술학적 입장의 이론을 펴서 현 학예계의 학문적 정통성을 확보.

– 일부 서예단체의 공모전의 독과점식 횡포에 맞서 새롭게 정화된 서단의 풍토를 세우고자 기존세력에 맞서 새 서예협회를 창립.[10)]

– 서예의 도제식 교육 방법에 따른 그 서파의 거두에 대한 무소불위 권위에 따른 잘못된 서풍이나, 잘못 인식되고 있는 평가에 대하여 쓴소리로 일갈하는 비평단체의 창립.

이외에도 대학교 동양미학 전공학과 개설 등은 아무나 할 수 있는 것이 아닌, 오로지 용기와 학자적 양심을 가진 사람만이 할 수 있는 것이다.

---

10) 국전이 당시의 국내 유일한 서단으로 공모전 독점의 부패로 서예계를 온통 진흙탕으로 물들이던 시기에 기득권자들의 방해에도 무릅쓰고 새로운 협회를 창립하여 서예계에 신선한 풍토를 심을 수 있으려나 했는데, 결국 그 협회도 세월이 지나면서 점차 같은 물이 들어 이제는 모두 다 똑 같이 혼탁한 물속에서 숨쉬기 어려운 물고기 꼴이 되었으니 그 노력이 무색해져 버린 경우도 있다.

③ 겸謙 : 대화의 당사자가 그 자리에 있거나 없거나 간에 그 상대에 대하여 공손한 태도를 한결같이 견지한다는 것은 결코 쉬운 일이 아니다.[11] 많은 공부를 하였다는 고매한 학자나, 유학자를 양성하는 교육기관의 지도자들을 보면 그 언행이 대체로 공손하다. 그러나 간혹 자신과 대립을 이루는 사람에 대하여 논할 때에는 그 품고 있는 감정이 여실히 드러나는 것을 종종 볼 수가 있다. 그것은 상대에 대한 호칭이나, 평가를 할 때에 드러나는데, 결국 이러한 모습들은 그 사람의 겸손지심謙遜之心의 정도가 부지불식간에 겉으로 드러나는 것이라 할 수 있다. 내가 경험한 바로는 피평자는 당사자가 눈앞에 없다고 하여 호칭을 하대하거나 폄하하여 평하는 경우를 보지 못하였다. 이것에 대하여 주위 사람들과 이야기를 나누어 본적이 있는데, 모두가 나와 비슷한 생각을 하고 있는 것으로 판단되었다. 이것이 바로 피평자가 많은 제자, 혹은 주위 사람들로부터 진심으로 존경을 받는 가장 큰 이유일 것이다. 또 대화를 할 때에는 항상 상대의 의견을 경청하고 신중하게 판단하는 태도(이미 그 말이 경청의 가치가 없을 것 같은 상대일지라도)에서 상대에 대해 선입관이 없이 진지하게 대화에 임한다. 물론 학문적으로 큰 잘못이 있을 때에는 큰 질타도 있지만 그것은 겸손의 문제가 아니고, 스승으로써의 책무인 것이다. 이처럼 타인을 대할 때 겸謙한 자세로 대하기 때문에 함께 대화를 나눈 사람들은 늘 훈훈한 느낌을 받는 것이다. 피평자는 그의 좌우명 "겸손하되 당당하라!"라는 말을 늘 마음에 새기고 실천하며 살고 있다는 것을 알 수가 있다.

---

11) 가끔 송하경은 대화중에 그 자리에 없는 사람의 호칭을 쓸 때에도 반드시 경칭을 쓴다. 혹시 그 사람이 적대의 관계에 있더라도 그 사람이 학계에 있는 사람이면 반드시 "아무개 선생님께서는 ~~ 하신다"라고 한다.

④ 성誠 : 마지막으로 피평자를 한마디로 표현하라고 하면 나는 성誠으로 말하고 싶다. 중용中庸에서는 誠에 대하여, "성은 하늘의 도이고, 성을 하는 것은 인간의 도이다."[12]라고 하였다. 성은 진실 됨으로 우주와 자연은 그 본성이 지성무식至誠無息하기 때문에 그 절대적인 모습을 갖추고 있는 것이다. 우주와 자연이 정성스럽고 참된 존재일 수 있는 것은 바로 생생불식生生不息하는 성의 모습을 갖추고 있기 때문이다. 이처럼 인간도 또한 자신의 삶을 가치 있게 살아가기 위해서는 이 성誠의 실천이 있지 않으면 안 된다.

피평자의 학문적 성취나 더 나은 사회(예술계)를 위해 투자한 일들은 모두 이 성誠에서 나왔다고 할 수 있다. 피평자의 글을 읽어보면 문장 한 줄을 쓰는 데에도 최선을 다하고, 하고자 하는 그 일이 크거나 작거나 간에 성誠한 마음가짐으로 행한다는 것을 느낄 수가 있다.

한편 위의 세 가지 경敬, 용勇, 겸謙은 바로 이 성誠에서 이 나왔다고 볼 수 있다. 결국 부분으로는 성誠이면서, 그 성을 바탕으로 삼아 경, 용, 겸이 나온 것이다. 이처럼 성誠한 내면은 그의 온몸을 통해서 외면으로 드러난다. 그래서 걸음걸이, 얼굴표정, 말투, 태도, 자세 등을 통해서 느껴지는 이미지는 바로 그 사람의 실체인 것이다. 피평자의 인물됨에 대한 주변의 평가와 논자가 주관적으로 느껴온 느낌은 대체로 비슷하다.[13]

---

12) 『中庸』 "誠者 天之道也 誠之者 人之道也."

13) 이러한 인물에 대한 느낌은 나의 주관적 평이기는 하지만, 주변 사람들로부터 들어서 감지된 느낌을 나의 관점을 통해서 표현한 객관적 평임을 밝혀두고자 한다. 이십 년 전 제자였던 학우에게 피평자에 대해 물어 본적이 있다. 그때에도 피평자의 장점은 겸손함에 있다는 평을 들었다고 하였다.

동양철학에서는 외면적 아름다움은 내면에서 나온다고 한다. 표범은 아름다운 무늬 한 조각[14]으로 표범 전체를 가늠할 수가 있다[15]고 하였다. 표범의 아름다운 문양을 군자의 문채에 비유한 것인데, 이 외면은 바로 그 표범의 아름다운 내면에서 표출되어져 나온 것이라는 것이다. 맹자도 "군자의 본성은 인 · 의 · 예 · 지가 마음속에 뿌리하면, 그 생색生色이 낯빛으로 수연睟然히 드러나고, 등에 가득하며, 사체四體에 베풀어져서 굳이 말을 하지 않아도 저절로 깨달아 행해진다."[16]라고 하여 내면의 아름다움은 겉으로 드러나기 마련이라고 하였다.

인간의 겉으로 드러난 미추의 모습에서 그 내면의 선악을 볼 수 있는 것인 바, 이처럼 일상 속에서 감각기관을 통하여 감지되는 피평자의 외적 면모는 바로 그 사람 자체를 드러낸 것이라 할 수 있을 것이다.

그래서 나는 피평자를 한마디로 성誠으로 표현하고 싶다.

결 론

양치기 싼티아고는 '자아의 신화'를 찾기 위해 떠난 여행 중에 우주속의 만물과 화합하고 교감하는 방법을 터득하고, 진정한 사랑을 깨닫게 된다. 이 교감과 사랑 속에서 우주 속에서의 자기의 존재가치가 존귀함을 스스로 깨닫고, 그렇게 세상 만물과 더

---

14) 窺豹一斑

15) 『周易』「革卦」"上六 君子豹變 小人革面 征 凶 居貞 吉.", "象曰 君子豹變 其文蔚也 小人革面 順以從君也."【傳】"君子從化遷善 成文彬蔚 章見於外也."

16) 『孟子』「盡心章 上」"君子所性 仁義禮智根於心 其生色也 睟然見於面 盎於背 施於四體 四體不言而喻."

불어 일체를 이루며 살아가는 존재감을 느끼는 것이다. 결국 이러한 깨달음은 '자아의 신화'를 이루기 위해 땀 흘린 인간만이 터득할 수 있는 것이다. 이것이 바로 마땅한 바를 따라서 열심히 살아야만 하는 이유인 것이다.

논자가 좋아하는 영화가 있다. 빠삐용이라는 영화이다. 이 영화 속에서 주인공 빠삐용은 간수들의 부당한 처우에 대항하다가 6개월간 빛이 들어오지 않는 독방에 갇혀있게 되는데, 그곳에서 마침내 영양실조로 죽음 직전에 이르게 된다. 여기서 그는 꿈을 꾼다. 평소에 그가 입고 싶었던 하얀 양복에 백구두, 중절모를 착용하고 사막을 걸어가는데, 사막 언덕 끝에 저승사자가 수행원들을 대동하고 그의 갈 길을 가로막고 서 있다. 여기서 빠삐용은 자기가 감옥에 간 것은 무죄라고, 그 포주를 죽인 것은 자기가 아닌데, 검사가 누명을 씌운 것이라고 항변을 한다. 이에 저승사자가 대답한다. "맞다. 너는 사람을 죽이지 않았다. 그러나 너는 큰 죄를 저질렀다." 빠삐용이 묻기를, "그것이 무엇입니까?"하고 묻자, "너는 인간이 저지를 수 있는 최악의 죄를 저질렀다. 그것은 네 인생을 허비한 죄이다. 그 죄의 대가는 사형이다."라고 말하자, 빠삐용은 왔던 길을 되돌아간다. 이후 끝없는 탈출 시도 끝에 결국 그 감옥의 섬을 벗어난다. 여기서 저승사자가 인생을 허비한 죄로써 그 대가가 사형이라고 하였는데, 그것은 그가 사회에 있을 때 최선을 다하지 않고 허랑방탕하게 산 것을 말한 것이다. 그 대가가 곧 죽음이라는 것이다.

훌륭한 삶이란 무엇인가? 그것은 스스로 원하는 삶을 열심히 사는 것이다.

논자는 이 글을 쓰는 동안 앞길을 먼저 걸어간 한 스승의 발

자취를 통하여 잘 산다는 것이 얼마나 어려운 것인가를 다시 한 번 느꼈다. 그러나 포기할 수 없는, 할 수 없다하더라도 마땅하게 살려고 노력하고 애써야 한다는 또 다른 숙제를 얻었다.

끝으로 최근에 작고한 안병욱교수의 시 한 수 읽어드립니다.

산다는 것은 길을 가는 것

산다는 것은 싸우는 것이다.
우리는 매일 남과 싸우고
자기 자신과 싸우면서 살아간다.

인간은 세계라는 무대에서.
자기에게 맡겨진 역할을
수행하면서 살아간다.

어떤 이는 인생을 농사에 비유한다.
어떤 이는 인생을
하나의 예술 작품에 비유한다.
어떤 이는 인생을 책을 쓰는데 비유한다.
어떤 이는 인생을 여행에 비유한다.

우리는 저마다 무거운 짐을 지고
자기의 길을 가는 인생의 나그네다.
길에는 여러 가지가 있다.

사람이 가는 길은 인도요,
자동차가 가는 길은 차도요,
배가 가는 길은 뱃길이요,
바닷길이다.

우주에도 길이 있다.
지구는 지구가 도는 길이 있고,
별은 별이 가는 길이 있다.
옳은 길을 가되 우리는
적절한 속도, 적절한 걸음걸이로 가야 한다.

군자는 인생의 큰 길,
옳은 길을 정정당당히 간다.
마음에 추호도
부끄러움과 거리낌이 없는 사람만이
청천백일 하에 크고.
넓은 길을 늠름하게 활보할 수 있다.
힘차고 당당하게
걷는 걸음을 활보라고 한다.

광명정대의 정신을 가지고
인생을 바로 사는 사람만이
정정당당한 자세로 태연자약하게
인생의 정도와 대로를 힘차게 걸을 수 있다.
산다는 것은 길을 가는 것이다.

07

「걸레 중광은 무엇을 남기고 세상을 떠났는가」를 읽고

김민지
유학 · 박사2기

이번 학기 다양한 주제들의 글로 진행된 〈한국미학 · 예술학특강〉 수업을 들으면서 한국미학과 예술의 가치에 대한 생각을 나름대로 정리하는 기회가 되었다. 제1.「단군신화에 담긴 미학적 은유」에 대한 글은 한국미학을 공부하는 모든 이들이 한 번쯤 읽어 봤으면 하는 주제의 글이다. 나 역시도 도자기를 주제로 박사논문을 준비하면서 우리 민족의 문화원형을 확인하는 일이 가장 먼저라고 생각했다. 선사시대부터 수천 년의 역사를 거슬러 올라오면서 우리민족의 유전에 형성되고 각인된 문화의 원형을 확인하는 일은 민족 정체성을 확인하고, 한국인의 지향을 알 수 있는 일이기 때문이다.「걸레 중광은 무엇을 남기고 세상을 떠났는가」의 5번째 챕터 원형 파괴가 진리인가?에서 원형을 key point로 다루고 있는데, 전시장 벽에 붙어 있는 중광의 참예술에 관한 억지스러운 주장에 대한 비평 수많은 창조도 원형에서 나오지만, 원형은 원형으로 존재할 뿐이다. 선승임을 자처하는 중광이 육조단경의 '일체유심조'의 의미를 모를 까닭이 없다. 만약원형을 파괴한다면 그것은 곧 자연의 파괴요, 천리의 파괴이며 진리 파괴일 뿐이다. 〈한국미학 · 예술학특강〉(pp. 183-184)은 매우 훌륭하다고 생각된다. 교수님의 글대로 격식의 파괴가 아닌 원형의 파괴를 추구하려다 보니 그의 서예가 부자연스럽고 반자연적이며, 탁하고 역겹고 구역질나는 소위 추서醜書의 인위적 조작으로 치닫게 된다는 의견에 동조한다. 중광의 다수의 작품을 보지는 못했지만 이번 학기 교재와 인터넷을 참고하여 그의 작품을 보면서 한시도 마음이 편하지가 않았다. 다수의 작품이 예술과 외설의 경계를 넘나드는 것을 보며, 어디까지를 예술로 보아야 하고, 그가 작품들을 통해서 말하고자 하는 바가 무엇인지 궁금해졌다.

'예술(art)'이라는 말의 어원은 라틴어 '아르스(ars)'에서 유래되었는데, 아르스는 그리스어 '테크네'를 번역한 것이다. 오늘날 art를 의미하는 'find art(순수예술)'의 의미와는 다르다. 이러한 사전적 의미를 떠나서, 내가 생각하는 예술가는 작품을 통해 물아일체되어 자신의 내적 실체를 표현하고, 그리고 작품을 감상하는 이는 작품을 통하여 심미적 차원의 가치 및 감동을 느낄 수 있어야 된다고 생각한다. 특히나 동양에서는 윤리적이면서 심미적 가치까지 포함하는 예술을 더 높은 경지의 예술로 인정하고 있다. 이러한 예술적 정의 측면에서 보자면 노골적 성에 관한 묘사로 불쾌감을 일으키는 중광의 상당부분의 작품들은 예술작품으로 높은 가치가 인정되기는 어렵다는 생각이 든다. 거장이란 타이틀을 붙이기 또한 무리일 것이다. 좌수 우수를 자유자재로 그리는 기행적 예술가 정도가 적당할 듯 싶다.

『논어 · 옹야雍也』편에는 고대 문론文論과 밀접한 관련이 있는 문文과 질質에 관한 개념이 나온다. 이 구절은 비단 문장에만 국한되는 것이 아니라 모든 예술에 통용될 수 있는 구절이라 생각된다. "공자께서 말씀하시기를, 바탕이 꾸밈을 이기면 야해지고, 꾸밈이 바탕을 이기면 사해진다. 꾸밈과 바탕이 조화를 이룬 뒤에야 군자라고 할 수 있다."고 하였다. 문질빈빈은 바탕(내용)과 꾸밈(형식)이 겸비되고 감정과 문식文飾이 함께 풍성하기를 주장한 이론이다. 질승문質勝文은 문채가 없거나 문채가 부족한 상태로, 문장은 조야粗野하고 생동감이 떨어지게 되는데, 이는 좋은 문장이라고 할 수 없다. 반대로 문승질文勝質은 내용이 공허하고 다만 언사言辭만 화려하고 요란한 상태로, 문장은 부화浮華하기만 할 뿐인데, 이 또한 좋은 문장이라고 할 수 없다. 오직 '문질빈빈'한 경우에만 꾸밈과 바탕이 조화를 이뤄 풍성해져서 내용과 형식이 통일을 이루게 된다. 이러한 측면에서 볼 때 중광의 작품은 기교가 뛰어나 화려하고, 요란하며, 야만적이기만 하단 느낌이 든다.

물론 예술의 개념과 범주에 대한 논의가 현재까지 계속 변화하고 다양한 만큼 예술에 대해 확실한 정의를 내리는 일은 간단치만은 않겠지만, 무엇을 내용(의도, 가치)으로 볼 것인가? 또한 누구의 측면에서 보아야 하는가? 작자의 측면인가, 아니면 독자의 측면인가? 등등에 의해 의문이 제기될 수는 있을 것이다. 작자 내면적 만족이면 모를까 그 밖의 측면에서 그의 예술세계를 보자면 많은 의문이 드는 것이 사실이다. 내용과 형식, 독자들을 떠나 오로지 작자의 입장에서 보자면 중광의 예술과 삶은 성聖과 속俗을 자유로이 넘나들며, 기인한 행동과 파격적인 필치로 독보적인 세계를 구축한 점만큼은 여타의 작가와는 다른 차별적 삶을 살았던 예술인라는 점은 분명하다. 하지만 선禪을 코드로 삶, 예술, 종교가 하나 된 '대자유인'이란 말을 붙이기에는 무리가 있다. 교수님의 글처럼 선이란 정려靜慮로서, 인간의 욕망으로 인해 일어나는 모든 온갖 번뇌로부터의 해방을 통해 얻어지는 자유의 경지, 또는 마음이 하나로 통일되고 고요히 가라앉아 진리를 직관할 수 있는 순수무아의 경지이기 때문이다.

여기에 덧붙여, 내가 생각하는 선의 세계란 퇴계 선생님이 강조하는 마음 수양의 한 방법인 경敬으로 이루지는 것이 아닐까 싶다. 퇴계 선생님께서는 성학십도에서 경에 대해 다음과 같이 말하고 있다.

> 요컨대 이기理氣를 겸하고 성정性情을 통섭하는 것은 마음이요, 성性이 발하여 정情이 될 때 그 경계는 바로 마음의 기미요,

> 만화의 지도리로서 선과 악이 여기에서부터 나뉜다는 까닭입니다. 학자는 진실로 한결같이 경을 견지하여 이利와 욕欲에 어둡지 않고, 더욱 이 마음을 삼가 미발未發인 때에 존양의 공부를 깊이하고, 이발已發인 때에 성찰을 익숙하게 하여 진리를 쌓고 오래도록 힘쓰면 이른바 정밀하게 살피고 한결같이 지켜 중용을 잡는 성학과 체를 보존하여 사물에 응하여 작용하는 심법을 밖에서 구할 필요 없이 여기에서 모두 얻을 수 있을 것입니다. 〈心統性情圖說〉"要之 兼理氣統性情者心也 而性發爲情之際 乃一心之幾微 萬化之樞要 善惡之所由分也 學者誠能一於持敬 不昧理欲 而尤致謹於此 未發而存養之功深 已發而省察之習熟 眞積力久而不已焉 則所謂精一執中之聖學 存體應用之心法 皆可不待外求而得之於此矣."

퇴계는 마음을 적연부동寂然不動하여 발동하지 않은 미발의 체體와 감이수통感而遂通하여 이미 발동한 이발已發의 용用으로 구분하며, 진실로 한결같이 경敬을 견지하여야 이利와 욕에 어둡지 않아 중용을 잡을 수 있다고 말한다. 퇴계는 『성학십도』「심통성정도」에서 마음에서 미발未發의 체體가 성性이고, 이발已發한 용用이 정情이 된다고 말한다. 그리고 경敬은 고요하여 움직이지 않는 마음의 작용을 포함하며, 고요할 때와 활동할 때를 관통하여 마음을 주재하는 것이라 밝히고 있다. 곧 마음이 발동하기 이전에 고요할 때 엄숙한 것이 경敬의 체體가 되고, 마음이 발동한 이후 활동할 때 정제한 것이 경敬의 용用이라 본 것이다. 그러므로 마음이 미발일 때나 이발일 때에도 항상 마음은 일신一身을 주재하므로 우리는 스스로 경을 통해 자신의 마음을 가꾸고 바로 알 수 있는 것이다.

바로 경을 꾸준히 견지하는 태도가 선禪의 세계이며, 마음이 하나로 통일되고, 고요히 가라앉아 진리를 직관할 수 있는 순수 무아의 경지가 아닐까 생각했다.

또한 중광의 작품세계로 미루어 보았을 때, 그는 거장, 대자유인의 모습이라기보다는 오히려 모든 것을 편안히 받아들이지 못하고 왜곡, 일탈하려는 사회부적응자의 모습인 듯 싶다. 아이들은 4세 이전에 EQ, IQ내지 아이의 성격 상당부분이 결정된다고 한다. 특히나 애착의 형성은 3세 이전에 완성이 되는데 이때 어머니의 충분한 사랑을 받지 못하면 성인이 되어서 애정결핍이라던가 어떠한 성적집착이나 왜곡을 가지게 된다. 중광의 작품 중 무구無垢, 동심童心 등을 보면 표면적으로 해맑은 아이의 형상을 하면서도 원색의 색을 사용하여 어린이를 성적으로 희화화하고 있는데 그 제목과 내용이 모순적임을 알 수 있다. 이러한 점은 사회적 관습을 크게 거스르지 않으면서 자신의 본능을 만족시키려는 일종의 술수로밖에 보이지 않는다. 교수님의 비평처럼 사회적으로 널리 공개된 자신의 재담이나 희화를 통해 사회의 관습과 억압에 대한 자신의 공격적 성향을 표출한 것으로 보인다. 또한 중광이 과도한 음주를 즐겼다는 점 또한 술이 자신의 기행을 저지르기 위한 일종의 마약 같은 효과를 낸 것이 아닐까란 생각이 든다. 물론 많은 예술가들이 술을 사랑한 점은 동서양을 막론하고 공통적이다. 뜨거워진 창작의 욕구를 술로 달래기도 하고 또 술로 다시 달구어가며 감흥이 고조된 채로 자신의 천재적인 끼를 화선지에 투영시키기도 한다. 하지만 중광의 경우는 술을 마시면서 자신을 누르고 있는 사회적 억압을 벗어버리고 자신의 욕망분출을 일삼은 것 같다.

20세기에 들어오면서 예술들은 다양한 형태로 나타났다. 미래파, 초현실주의, 추상주의. 하지만 이들 아방가르드 그룹들이 모두 관습의 타파, 자유에만 초점을 맞추어 반항적이기만 한 것은 아니며, 중광의 다수의 작품들처럼 자극적이기만 한 것은 아니다. 피카소, 르네마그리트, 살바도르 달리 등의 작품을 보면 진정한 아방가르드 예술을 느낄 수 있다. 자유로움으로 사고의 유연성을 유도하고, 그동안의 사물을 보는 시각에서 탈피해서 작품 활동을 하고 있다. 하지만 중광의 작품은 性이라는 자연스러운 본성을 오히려 너무 불편할 정도로 자극적이게 표현하고 드러내 보여 오히려 과장되고, 억지스러워 불쾌감을 일으킨다. 하지만 교수님의 글처럼 그가 대 자유, 거장의 경지에 진입하지 못했다고 해서 이 세상에 아무것도 남기지 못하고 간 것은 아니다. 자유롭고 변화무쌍한 선의 흐름을 통해 달마를 그리고, 또한 이 달마를 통해 자신만의 삶의 진리를 표현했을 것이다. 인생의 만년에 이르렀을 때쯤 중광은 달마를 많이 그렸다고 한다. 이때만큼은 선의 세계에 가까워졌던 것은 아닐까라는 생각도 든다.

이번 한 학기 동안 〈한국미학 · 예술학특강〉을 들으면서 원교, 우산 신서예론 등이 특히 기억에 많이 남는 강의였다. 이들을 통해서 진정으로 주체자각적 자아에 충실한 예술이란 어떤 것인가란 생각을 많이 하게 되었다. 진정한 포스트모더니즘이란 '단순한 관습으로부터의 탈피, 대립이 아니라, 작가 자신의 본연적 심진心眞 위에서 자신만의 개성으로 기운생동하는 작품을 만드는 것이다'라는 생각이 들었다. 더욱이 작품을 보는 감상자로 하여금 심미적 감동을 느끼게 할 수 있을 때 높은 차원의 예술이 아닐까 생각해 본다.

글을 마치면서

우선, 송하경 교수님의 마지막 강의를 들을 수 있어서 너무 뜻 깊고, 감사했습니다. 특히 이번 학기 강의는 어디서나 들을 수 있는 미학 · 예술 이론이 아닌, 한국미학에 관한 교수님의 생각을 배울 수 있어서 의미 있었습니다. 또한 한국의 예술들이 나아가야 할 방향에 대해 많이 느끼고, 배우는 과정이었고, 〈한국미학 · 예술학특강〉 중 하나를 뽑아서 비평문을 쓰라고 하신 부분은 사실 너무 힘들기도 했습니다. 한 구절구절 다 공부가 되는 내용이어서, 비평을 할 수가 없어서, 교수님의 글을 참고하여 중광에 대한 제 생각을 써보았습니다. 교수님 앞으로도 건강하시고, 기쁘고 행복한 연말 · 연초 되셨으면 좋겠습니다.

08

우산 송하경 교수에 대한 비평과 회고

김서현
소비자가족학 · 박사2기

"당신 작품은 재능이 있고 마음에 와 닿습니다. 그러나 당신에게는 아직 깊이가 부족합니다." 파트리크 쥐스킨스의 단편집 『깊이에의 강요』에서는 비평가가 자신에게 남긴 글로 인해 번민, 고뇌하다 죽음을 선택하게 되는 재능이 뛰어난 예술가와, 상황에 따라 완전히 다른 견해(젊은 예술가가 죽자, 오히려 '깊이에의 강요'를 읽을 수 있다는 단평을 기고한다)를 보이는 일관성 없는 비평가의 이야기가 나온다.

내가 비평, 평론가라는 작업과 그 직업에 대해 겪은 간접 경험은 이처럼 잔인하고 또는 무섭고도 무책임한 것이었다. 물론, 그러한 비평에 분열적 사고와 죽음을 택한 젊은 예술가의 미성숙하고 약한 자아강도를 문제 삼을 수 있겠지만 말이다.

과목의 선택

나는 학부시절 시각디자인을 전공하고, 미술치료로 석사학위를 받고, 현재는 소비자 가족학과에서 가족학을 전공으로 하고 있는 예술과 심리상담, 사회의 기초적 단위인 가족에 대한 이해까지 경계를 넘나들지만 분명히 그 안에서 규칙을 찾고 연관된 작업을 하고 있는 '미술치료사'이다. 처음 과목의 선택에 있어서 유학을 바탕으로 설립된 이 학교에서 유학대학원의 수업을 듣고 싶어 개설된 과목명을 검색하였고, 그 중 '미학'이라는 단어에 이끌려 수강 신청을 하게 되었다. 미술치료를 하다보면, 내담[1]자로 하여금 그의 작업[2]을 '미적 가치가 의식적으로 추구되는 예술현상'으로 인식시키고, 그것을 '주된 탐구 대상'으로서 객관적

---

1) 피상담자, 여기에서 말한 작업-바라봄-해석-통찰 방식은 일반적인 성인 내담자에게 유용
2) 미술작업 내용, 결과물

으로 바라보며 스스로 내적인 갈등과 미해결된 과제들, 방향성을 찾도록 하는 작업[3]을 유도하게 되는데, 넓게 보면 이미 미술치료 과정 중에 미학적 해석을 경험한 것이 아닌가 하는 생각이 들었다. 때문에 실제로 미학과 나는 의식하지 못한 사이 연관 지어져 있었던 것이라는 의미부여를 하며 선택을 하게 되었다.

그의 인상

강의실에서 본 송하경 교수의 첫 인상은 웃는 것에 익숙한 듯, 새겨진 주름과 함께 크지 않은 눈에서 보이는 냉철한 눈빛을 가지고 있었으며, 온 얼굴의 이목구비를 모두 움직여 미소 짓는 얼굴과, 미소가 얼굴에 깃들지 않았을 때에는 몹시 엄격하고도 차갑게만 여겨지는 따뜻함과 냉철함, 융통성과 엄격함을 모두 가지고 있는 모습으로 비추어졌다. 이는 아마도 석 달간의 수업시간 내내 느낀 바와 같이 그의 생활에서는 여유와 해맑음을 가지면서도, 서예를 하거나 비평가로서 작품을 분석할 때에는 논리적 측면으로 바라보는 것이 몸에 익었기 때문일 것이라 여겨졌다.

그는 매 시간마다 한 치의 오차도 없이 정확히 정오가 되면 입실을 하였고, 마치 시계를 의식적으로 보면서 강의를 하듯 역시 오차도 없이 정확히 2시 이전에 마치는 대단함도 보여주었다. 또한 스스로 이러한 정확한 시간 개념이 몸에 익은 것에 대해 대견하게 여기는 모습도 보였으며, 그런 모습이 거부감 들지 않고 나에게는 마치 솔선수범의 자세로 수업을 듣는 학생들에게 모범을 보여 본받게 할 수 있는 것이라 여겨졌다.

---

3) 통찰 활동

그는 한 글자 한 글자를 읽어 내려가며 부연설명을 곁들였는데 그럴 때마다 “저는 그렇게 생각했습니다요.”, “이런 말입니다요.” 등과 같은 어투를 사용하는데, 그 모습이 자신의 의견을 피력하면서도 강하게 밀어붙이지 않는 겸손함 또한 느껴진다. 겸손한 말투지만 그 안에 가지고 있는 자신의 분명한 의사전달이 담겨져 있었으며, 이러한 행동과 말을 보고 들으며 개인적으로 이러한 부드러운 카리스마를 본받고 싶었다. 부드러우면서도 자신의 주관이 뚜렷하고, 가깝게 두고 싶지만 만만하지만은 않은 상대.

그의 강의

앞서 말한 바와 같이 나는 ‘미학’을 염두에 두고 수업에 들어오게 되면서 나의 무지함을 채우고자 도서관에서 미학과 관련한 책을 빌려 미리 읽고, 검색을 하고, 주변에 물으며 미학이란 무엇인가에 대해 생각하는 시간을 가졌었다. 책을 읽으면 읽을수록, 검색을 할수록, 주변의 이야기를 들을수록, 미학이 가진 고차원적이며 방대함에 두려워지기 시작했다. 도대체 얼마나 많은 사람의 손을 거친 것인지 때가 꼬질꼬질 탄 진중권의 ‘미학 오딧세이’를 읽으면서 미학은 예술과 철학의 만남, 예술을 어떻게 대할 것인가를 논하고 있다고 여겨졌고 한 학기동안 잘 따라 갈 수 있을까 싶어졌다.

그러나, 모든 것은 기우였던가 싶을 정도로 나는 그의 〈단군신화에 담긴 미학적 은유〉를 읽으면서 그것도 첫 줄에, 미술치료를 배우며 그렇게 강조됐고 기초가 됐고 큰 영향을 받았던 칼 구스타프 융의 원형론이 등장하는 순간 그의 강의에 빠져들었고,

단군신화를 우리가 알고 있는 신화적 차원이 아닌 신화를 통해 우리민족, 바로 나 자신을 본다는 것에 격하게 공감하게 된다. 특히 그는 서예가로서 단군신화에 대한 이야기를 하면서도 서예와 자연에 대한 이야기도 하게 되는데, 다행히 초등학교 때(억지로) 서예학원에 2년을 다닌 것에 감사하며, 서예가 주는 인생살이에 대한 앞으로의 길에 대한 제시를 받을 수 있었다. 그가 강의 중에 "서예는 자연에 근본을 두고 창작된 것이며 자연이 지어준 것은 꿰맨 자리가 없어 억지스러움이 없으니 자연은 최고의 작품이다."라고 하며 겸손과 스스로 세우지 않고 세워지는 권위에 대해 이야기 하는 것에 이 수업을 듣기를 참 잘 했구나 싶었다.

게다가 그는 참 영리한 것이, 서예가도 아니며 예술가도 아닌(직업적으로 연관성이 아예 없지는 않지만) 용감한 타 과생 조무래기인 나에게도 서예와 미학과 비평에 대한 막연함과 어색함이 느껴지지 않을 정도로 포괄적이면서도, 삶의 전반, 철학과 심리학을 오고 가며 입에서 나오는 한 마디 한 마디가 정리된 책을 읽은 듯한 기분이 들게 한다. 아마도 서예가이기에 서예만, 그 서예협회만, 그가 활동했던 것들에만 치중하여 강조하고 자기 자랑 식으로 늘어놓았다면 아마도 나는 그의 삶이나 예술을 둘러싼 사람들의 욕심 따위에는 관심도 없이 시간만 채우는 형태로 자리만 차지하고 있는 덩어리가 될 수도 있었다.

하지만 그는 영리하게도 소위 요즘 젊은이들이 말하는 '밀당'[4]의 고수다. 한여름 거목의 그늘아래 누워 시원한 바람맞으며

---

4) 밀당[밀땅]이란 밀고 당기기의 줄임말이다. 밀당은 남녀관의 관계에서 미묘한 심리 싸움을 의미한다. 줄다리기 하는 것을 비유하는 것으로, 좋아하는 것처럼 행동하다가도 (당기기) 좋아하지 않는 것처럼 행동하는(밀기) 것을 뜻한다(NAVER 오픈사전). 최근에는 남녀관계가 아닌, 미묘한 신경전이나 대인관계에서의 힘의 강약조절 등 포괄적으로 쓰이기도 한다.

매미소리 듣는 듯 느슨하게 글을 읽어 내려가다가도 별안간 소나기 내리듯 자신의 뜻을 분명하게 전하며 잘못된 사회상과 개인을 신랄하게 비판하고, 때로는 울화가 치밀어 오르는 듯 안경을 벗어들고 붉은 얼굴로 침을 튀겨가며 단호한 손짓까지 섞어 "아닌 것은 아니지요!", "그렇게 하는 것은 아주 안 되는 것이지 말입니다요!!"라고 외치기도 한다. 그러다가 정적 · · · 그리고 머쓱한 듯 온 얼굴의 주름을 사용해 웃으며 "내가 너무 심하게 말한 것은 아니것지요잉?"이라며 농담과 함께 특유의 사투리 섞인 말투로 긴장을 툭 내려놓기도 하는 등 감정적 표현과 이성적 판단으로 음성에도 강약을 주어 길지 않은 시간이지만 시쳇말로 정신 줄 놓으면 끝도 없이 딴생각에 빠져들기 쉬운 시간에 한시도 집중을 놓지 못하게 하는 영리한 재주꾼이다. 30년을 넘게 강단에 섰으니 이미 '꾼'이지만, 그만한 경력을 가지면서도 그와 같지 않은 사람도 많으니, 그는 참 영리한 이야기꾼이며 지식꾼이다. 신랄하게 비평을 하고 윽박을 지르다가도 인정할 것은 인정하는 '상남자'[5]였다. 추사 김정희, 소전 손재형, 동강 조수호, 걸레 중광에 대해서도 그들의 인성과 생활과 비난받아 마땅한 행동들에 대해 쏟아내다가도, 언제나 마무리는 그럼에도 불구하고 그들에게는 본받을 점(차마 그는 하지 못하나)이 있기는 하다며 훈훈하게 정리를 하여 뒤탈을 막는 영민함을 보인다.

나는 그의 강의를 들으면 다른 강의를 들으면서 가진 의문을 풀어내는 경험을 하게 된다. 그가 전해주는 이야기에는 인문학이 담겨있다. 무심한 듯 툭툭 내뱉거나, 작심한 듯 강조하는 말 중에 깨달음을 얻게 하는 이야기가 숨어있었다. 이를테면, 이전의

5) 진짜 남자, 남자 중의 남자를 의미하는 말

권위적인 시대 민중의 삶과 예술이 주목받지 못한 시대를 떠올리며 거대담론과 연결 지어 설명했으며, (그 시점에 내가 고민 중이던 거대담론에서 일상성으로 고개를 돌려 사람들의 소소한 삶에서 문화의 조류를 알 수 있는 질적 연구에 답을 주듯) 작은 이야기들의 축척이 문화조류이자 역사가 되어 그것이 문화가 되고, 한 시대의 문화 활동에 저도 모르게 참여하게 되는 삶, 더불어 자기를 아는 것이 가장 중요하다고 하는 말은 무릎을 치게 만들었다. 같은 현상과 사물을 어느 시각으로 보느냐에 따른 인식(때때로 그는 게슈탈트 이론[6]을 지지하는 듯했다), 양명과 주자의 상반된 견해들은 그간 관심을 전혀 두지 않았던 학문을 쉽게 이해하고 분류할 수 있도록 하였다.

나는 특히 인상 깊은 강의가 있었다. 이광사와 김정희를 표로서 정리해 두고 그들을 체계적으로 분석한 것이 첫 번째이다. 그것을 정리하느라 안경을 썼다 벗었다, 일어났다 앉았다, 책을 들췄다 폈다 했을 그의 노고가 느껴졌다. 더불어 그 표를 완성한 뒤 그는 또 얼마나 만족스러워했을지도 느껴졌다. 두 번째로 인상 깊었던 강의는 걸레 중광의 그림에 대한 분석이었다. 그는 프로이트의 성격발달단계 중 구강기[7]를, 남근기[8]를, 게다가 리비도(libido)[9]에 대해 알고 있었다(들여다보니 보인 것이라면 정말로 굉장하

---

6) 20세기 초에 심리학의 프랑크푸르트 학파에서 발전된 이론으로서, 인지과정 중에 감각자료가 갖는 조직과 의미를 강조한다. 게슈탈트는 총체 혹은 유형의 뜻이 있는데, 그것을 대표하는 요약은 "전체는 부분의 총합 이상의 것이다."라는 구절이디.

7) 발달의 가장 초기단계. 아기의 필요, 지각, 표현 방법 등이 모두 입, 입술, 혀 등의 구강주위 기관에 집중되어 있는 시기

8) 지그문트 프로이트의 소아성욕(小兒性欲) 발달단계에서 항문기(肛門期)와 잠복기(潛伏期) 사이에 있는 시기

9) 성적 쾌감에 대한 생물학적으로 결정되어 있는 내적 충동으로 프로이드 S. Freud가 이용한 개념이다. 그에 의하면 이 성적 에너지가 가진 쾌감자극대가 소아의 발달과 함께 변화해서 이것이 구강기(口腔期), 항문기(肛門期), 남근기(男根期), 그리고 잠복기를 거쳐서 성기기(性器期)로 이행하는 것이다.

다). 또한 그의 작품 〈동심童心〉에서는 아동이 사람을 그릴 수 있고 내적 도식이 형성되는 시기(4-6)에 보이는 형태에 대해서도 비교적 정확하게 그것에 대해 설명하는 등 남근기에 고착되어 어머니와의 애착 관계에서 미해결된 과제가 있었음을 암시하는 형태와 색, 내용에 대해 분석하였을 때에는 감탄이 절로 나왔다. 또, 〈달마〉(p.29 도13.)를 설명하며 "내가 그렇게만 보려고 하니까 그런가… 꼭 남녀가 키스를 하고 있는 걸로 보입니다요."라는 표현은 역시나 게슈탈트를 표현한 것으로 보였다.

〈루빈의 화병〉 무엇이 보이는가? 화병? 마주본 얼굴?

그는 진정으로 서예를 사랑하고 서예를 걱정하며 서예를 안쓰럽고도 자랑스럽게 여기는 사람이다. 강의를 들으면서 내가 속한 미술치료 학계에 이런 사람이 있을까? 싶은 생각이 들었다. 이렇게 그가 속한 서예계와 서예를 사랑하고 아끼며 걱정하고 소중해 어쩔 줄 모르는 사람이 있으니 그가 속한 서예의 세계는 참으로 행복한 곳이다. 그가 고개를 들고 내지르는 한탄 섞인 한숨에서 서예에 대한 순수한 열정이 느껴진다. 서예에 대해 다양하게 이해하려 하며 여러 방향에서 해석하려 하는 그의 모습에서, 그만큼 각별하게 생각을 많이 하고 깊이 고민하고 있음을 알 수 있다.

그의 글이 궁금해졌다.

그에 대한 비평을 적다보니 그의 글이 궁금해져 몇 장을 찾아봤다. 네이버에 '우산 송하경'이라고 검색하니 그의 행적을 알 수 있었다. 그 중, 한 기사에서 「〈전북서화의 맥〉 절의와 의리 강조…만인의 숭앙을 받다. 〈5〉호남의 서예와 문인화의 맥-김제서단 ④ 유재 송기면裕齋宋基冕(1882-1956)」을 찾아 읽을 수 있었다. 그의 집안이 걸어온 길과 그에게서 풍겼던 진한 먹 냄새가 몇 대에 걸쳐 내려오는 것이었다는 것을 알 수 있었다. 보는 눈이 없으니 자세한 설명과 언제 어디에서 무슨 이유로 그리고 쓰였는지는 모른다. 하지만 그가 이야기 한 바와 같이 글과 그림에서 그의 성격과 인성이 보이는 듯하다. 단정하면서도 농담弄談을 건네는 모습이 그려진다. 부드러운가 하면 귀여운 듯 동글동글하고, 단단한 듯 하면서도 글에서 그림이 느껴지기도 한다. 그가 그린 매화는 야하지도, 거칠지도, 뽐내듯이 보이지도 않는다. 그것은 붉지 않고 여리듯 희지만 수술에는 노랗게 그 색을 분명하게 보여줄 것처럼 보이고, 가지 안에서도 혼자 튀지 않고 어울려 범벅지어진 것으로 보인다. 나는 제대로 그림을 볼 줄 몰라 앞서 말한 것이 고급스럽지도 않고 분명하지도 않다. 하지만 나는 그렇게 보고 있다. 내가 찾아본 제목도 모르는 그의 글씨와 그림을 곁들인다.

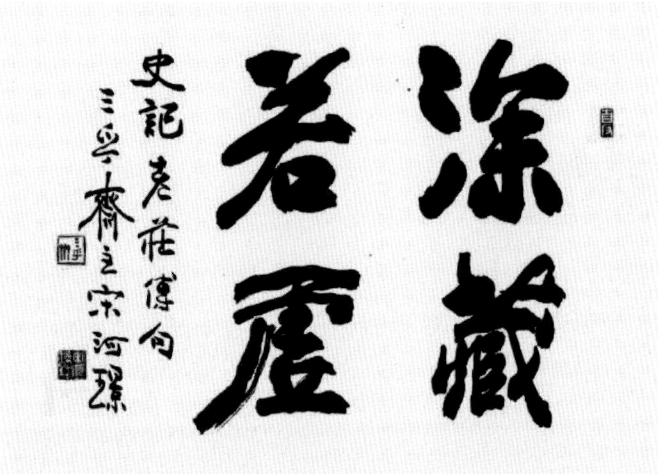

송하경, 〈심장약허(深藏若虛)〉

송하경, 〈묵매〉

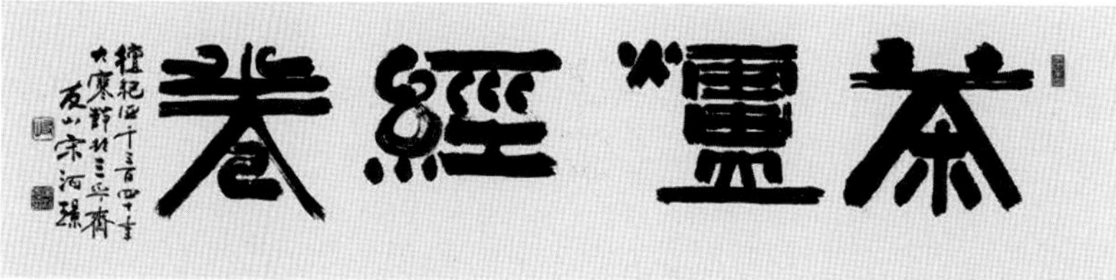

송하경, 〈다로경권(茶爐經卷)〉

송하경, 〈대둔산안심사(大芚山安心寺)〉

마치며

이제 교정 은행나무도 잎을 모두 털어내고 찬바람이 불어오는 겨울이 되었다. 짧지만 요란했던 첫눈도 내렸고 그의 마지막 수업은 끝났다. 단순한 호기심으로 들어왔던 강의실 안에서 답을 얻기도 했고, 외할아버지께 옛날이야기를 듣듯이 따뜻한 마음으로 송하경 교수님의 이야기에 귀를 기울였다. 교재에 한자가 많아 걱정이 앞섰지만 오히려 덕분에 더 집중할 수 있었고 방학이 시작되면 서예를 시작하리라 마음도 먹게 되었다. 억지로 다녔던 어린 시절에 느끼지 못했던 나를 붓끝에 담는다는 심정으로 임하게 될 것 같다는 생각도 든다. 본교에서 이루어지는 마지막 학기에 강의를 들을 수 있어서 참 다행이라는 생각이 든다.

그가 첫 수업은 기억나지 않지만 마지막 수업은 기억에 오래도록 남는다는 이야기를 한 적이 있다. 더불어 길 떠나는 이의 뒷모습을 오래도록 잊지 못하는 것처럼 이 수업을 마지막으로 본교를 떠나게 될 송하경 교수와 함께한 시간을 나를 포함한 여러 학우들도 잊지 못할 것이다. 글을 쓰는 이 순간에도 고개 젖혀 웃는 모습과 열변을 토하는 모습, 정색한 것에 대해 머쓱한 듯 샐쭉 웃는 얼굴이 떠오른다.

내가 비평과 비평가에 대해 쓴 단편집을 읽고 느낀 감정은 이제 온데 간데 없다. 비평은 심오하면서도 즐거운 미학이다.

09

「우산 신서예론」에 대한 소고

김윤주
유학 · 박사2기

「우산의 신서예론」은 '새로운 21세기 서예인의 길고 먼 장정의 첫발을 어떻게 내딛어야 할 것인가?'라는 문제의식에서 쓰여졌다. 이에 포스트모더니즘 시대를 살아가는 시대 경향에 발맞춰 서예가 나아가야 할 방향성을 함께 생각해본 것이다. 여기에 동아시아의 포스트모더니스트를 소개하며 다음과 같은 글을 인용한다.

> 장자의 소위 '기심機心'이라는 것도 그 실은 어떤 하나의 수단이나 목적에 주착되어 기계처럼 동일, 반복적으로 사유하고 활동하려는 고정적 틀을 깨거나 부정하려는 데서 제기된 것으로, 일종의 포스트모더니즘적 정신에서 제기된 것이다. 장자의 이러한 포스트모더니즘적 정신은 노자 제1장의 이른바 "어떤 언어로 설명, 규정되어질 수 있는 그 무엇은 결코 영원불변하는 그 무엇으로의 진리일 수 없으며[道可道 非常道], 어떤 하나의 이름으로 불려질 수 있는 그 무엇은 결코 영원불변하는 그 무엇의 이름일 수 없다[名可名 非常名]"라는 명제에 근본을 두고 있다. 노자나 장자는 모두 그 어떤 일정한 틀이나 격식에 의해 아로새겨지거나 규격화되지 않은 순백의 천성을 간직함으로써만이 그 어떤 색깔로서의 자아를 마음대로 그려낼 수 있고 어디로든 마음대로 튈 수가 있어 시시처처時時處處에서 자유롭고 무한한 삶을 창조해낼 수 있다고 믿었기 때문이다.[1)]

진립군陳立群은 『선진 심미의식의 온양先秦審美意識的醞釀』이라는 글에서 도道라는 진리는 '창생의 동력'이며 '무無'이기 때문에 오히려 '생生'의 원천이자 동력이 되는 것이라고 말했다. 그 무한

---

1) 송하경, 「우산 신서예론」

한 가능성인 도道를 이해한 노자의 방식이 포스트모더니즘적 창작 원리와 닿아 있는 것이다.

> '도道'는 '무無'이고 무상無狀이다. 즉 그것은 정태적인 존재가 아닌 창생의 동력이다. 그것은 비실체적인 생식 원천이고 '생生' 그 자체이다. 이것은 곧 모종삼이 말한 "창생은 진기가 그치지 않는 것"이고 "창조성의 본신"[2]인 것이다. 그것은 '무명無名', '무위無爲'이고 만물을 제한하고 규정할 수 없는 것이다. 그래서 '도'의 '생'은 표준이 없고 방향이 없고 목표가 없다. 그것은 다만 '생'하기 때문에 '생'하고 '생'하기 위해 '생'한다. 이러한 '생'은 또한 문명의 수식이 없고 원래 생태의 생장, 생성이다. 이 때문에 그것은 가장 왕성하고 완전하고 역량 있는 생명력을 가질 수 있다. 이것은 가장 근본적인 생명력이고 일체 생명의 원천이다. 그것은 순수하고 철저한 '생'이고 가장 원시적이고 본원적인 '생'이다. 노자의 '도'는 곧 '생생'의 '도'이다.[3]

우산은 포스트모더니즘의 특징을 일곱 가지로 집약해 이를 서예에 적용해 나아갈 방향을 제시한다. 현은자의 기준에 의하면 포스트모더니즘의 특징은 메타설화의 부정, 탈장르화, 현실과 허구의 경계 허물기, 열린 결말, 다원주의, 상호 텍스트성, 가벼움과 유희로 볼 수 있다. 우산이 말하는 서예가 추구해야 할 '속미俗美'도 포스트모더니즘에서 그 근거를 찾을 수 있다고 본다. 테리 이글턴은 포스트모더니즘 시대의 예술의 형태에 대해 "후기 근대주의는 예술과 일상적인 경험 세계의 관계뿐만 아니라 '고급'문화와 '대중'문화 사이의 경계선들을 흐리게 하는 깊이 없고

---

2) 牟宗三, 『中國哲學的特質』, 上海古籍出版社, 1997.

3) 陳立群, 『先秦審美意識的醞釀』, 中山大學出版社, 2008.

탈중심화되고 근거 없고 자기반영적이고 유희적이며 파생적이며 절충적이며 다원적인 예술 속에 이러한 시대적 변화를 반영하는 문화의 한 형태이다."[4]라고 했다.

포스트모더니즘적인 특징들이 소위 말하는 '예술적인 것'에 조금 더 접근해 있다고 보여지는 것은 그 열린 사고를 지향하는 틀이 '예술'의 성격을 대변하는 것이 될 수 있기 때문일 것이다. 포스트모더니즘적 사회를 살아가는 서예와 서예인들이 변화하는 것은 어쩌면 당연한 것이다. 그렇기 때문에 힘들여 노력하지 않아도 시대적 변화와 함께 조금씩 변해갈 수밖에 없으며 어느덧 이미 변화의 한가운데에 있을 수 있다. 지식인들의 고뇌는 항상 다가올 것에 한발 앞서 대응해야 하는 것이었으며 이와 비슷한 의미로 예술가들 또한 변화를 이끌어나가야 하는 처지와 지위에 있었다.

> 서예문화의 경우 포스트모더니즘에서는 오로지 서예만이 있을 뿐 전통서예니 현대서예니 하는 따위의 구분은 없게 된다. 서예가 반드시 종이, 붓, 먹, 벼루 등 문방사보에 의해서만 창작되어야 할 이유도 없으며 펜으로든 칼로든 문자를 써서 확실한 문자예술을 창출하면 곧 서예일 수 있다. 서예의 정체성을 상실하지 않는 한에서 반드시 기존의 서체를 따라야 할 이유도 없고 무의식적으로 고정관념을 답습해야 할 이유도 없다.[5]

그런데 포스트모더니즘적 대응이 모더니즘적 문방사우를 통해서 가능한 것일까?라는 의문이 들게 한다. 이것은 또한 모든

---

4) 테리 이글턴 지음, 김준환 옮김, 『포스트모더니즘의 환상』, 서문, 실천문학사.

5) 송하경, 「우산 신서예론」

예술 분야에서 느끼는 부분이 아닐까 생각된다. 과거에는 예술가와 감상자가 주로 다루는 대상이 2차원적 도구에 한정되어 있었다면 현재는 예술가(화가나 서예가)가 2차원적 도구를 가지고 주로 평면적 활동을 주로 하는 데 반해 감상자인 일반 대중은 주로 티비나 영화 등의 입체적 영상물을 소비하는 활동을 하고 있다. 그래서 대중을 선도해야 할 예술가가 오히려 그들과 괴리된 세계에서 자족을 위한 활동을 하는 것으로 치부될 가능성이 있다. 시대에 한발 앞서거나 그것이 안 된다면 시대에 발이라도 맞추려면 예술가는 자신의 예술 장르의 존재를 증명한다고 여겨지는 도구의 타당성 자체에 대한 의문을 가져야만 한다.

서예가에게 그 도구는 다름 아닌 붓일 것이다. 붓이라는 도구에 대한 긍정성은 매우 인정할 만한 것이다. 붓은 모필이라는 특성과 360도 어느 방향이든 움직여 표현할 수 있는 장점을 가지고 있다. 과거에는 붓이 서사 도구이자 예술의 도구로 쓰인 유일한 것이었다고 볼 수 있다. 그러나 현재 글을 '쓴다'는 것은 자판이라는 도구와 손가락의 움직임을 통한 문자의 조합에 의한 경우가 대부분이라고 볼 때 우리가 소위 '쓴다'라고 하는 행위 자체를 드러낸 기존 어법의 타당성 또한 의심해야 하는 상황이 되었다. 우산이 서예의 특징의 하나로 주목한 '쓴다'는 행위도 미래 세대에게는 사전을 통해서만 확인할 수 있는 말이 될지 모르기 때문이다. 자판을 누르는 행위가 쓴다는 행위보다 절대적으로 많아진 상황에서 서예 작품 안에서의 문자 '가독성'이 서예를 규정하는 말이 될 수 있을까?

이에 더해 서예의 근본적인 돌파구는 어디에 있을까? 우산은 포스모더니즘의 상호 텍스트성 측면에서 예술의 창작에 대해 언급하며 서예의 창작의 필수적 요소로 기존의 것에 대한 도전을 든다.

> 예술의 창작은 이미 이루어진 기존의 것을 재현하고 반복하고 복사하는 일이 아니다. 오히려 기존의 것을 거부하고 타파하는 행위이다. 이제는 그들 법첩, 법서들을 답습하기보다는 그것을 하나하나 해체하여 그것들의 잘못과 모순과 저해요소들을 들추어내고 타파하는 작업이 요구될 수도 있다는 생각을 가져본다. 일정한 정형이 주어진 속에서 서예가 보다 발전하기란 어렵기 때문이다.[6]

그렇다면 일반적으로 알고 있던 서예는 그대로 괜찮은 것일까? 우산은 서예에 대해 정의하는 것의 어려움을 토로하며 21세기적인 서예에 대한 정의를 내리기 위해 구름을 가지고 비유하고 있다.

> 서예를 구름에 비유해볼 수는 없는 것일까? 필자는 오늘에 이르도록 서예에 관한 설명과 그 구체적인 예들을 수없이 보아왔지만 서예에 관해 그 어느 것도 확실한 것이 없다.[7]

구름의 사전적 정의를 들며 구름의 무상함과 변화무쌍함을 든다. 그런데 구름에 대한 비유는 서예라는 개념에 대한 정의를 구하기 위한 것인지 서예라는 행위 자체의 현상에 대한 정의를 구하는 것인지 혼란스럽다. 서예라는 예술 장르를 자연현상인 구름과 직접 대응하는 것이 적절한지는 의문스럽다.

우산은 '서예는 자기 진정의 개성과 자유를 표현하는 문자 쓰

---

6) 송하경, 「우산 신서예론」
7) 송하경, 「우산 신서예론」

기 조형예술'이라고 보는 등 전체 글의 많은 부분을 서예를 정의하는데 할애한다. 우산이 정의한 대부분의 서예에 대한 정의가 타당한 답이라고 생각되면서도 왜 우리는 '서예의 정의에 목말라하는가'라는 답답함이 생긴다. 서예가 무엇인가는 서예라는 말에 역설적으로 그 답이 있는 것은 아닐까? 글로 하는 예술[서書로 하는 예藝]이라는 말에서 유추해볼 수 있을 것이다. 그것의 개념을 정의하는 것이 불가능한 것처럼 보이는 이유는 그 예술 형태가 붓 등을 가지고 한 예술 행위를 귀납적으로 명명한 것에 지나지 않기 때문이다. 또한 예술이 무엇인가에 대한 고민은 가능할지라도 서예가 무엇인가를 따지는 것은 근본적으로 불가능한 것이다. 왜냐하면 회화에 대해 거의 아무도 의문을 가지지 않듯이 서와 예가 합쳐진 합성어를 가지고 하나로 정의하는 것은 불가능하기 때문이다. '서書'라는 비교적 명확한 개념어에 대해 '예藝'라는 비교적 모호한 개념어가 합해지면서 알 듯 모를 듯한 현상이 이어지는 것이며, 두 가지 개념어를 하나로 놓고 정의하려는 태도 자체가 모순된 행위가 될 수 있을 것이다. 어쨌든 서예가 예술인가는 서예계에서도 오랫동안 가장 중요한 화두의 하나로 논의되고 있다.

> 서예가 예술이라면 W. Tatarkiewiez가 지적한 바와 같이 예술의 개념에 대한 논의들 속에서 한 번도 의문시되어 본 적이 없는 '의식적인 인간 활동'임에 틀림없다. 또한 예술을 다른 것과 구별하는 특징으로 제시한 바 있는 즉 미를 창출한다는 점, 실재를 재현 또는 재생한다는 점, 형식의 창조라는 점, 표현이라는 점, 미적 경험을 낳는다는 점, 충격을 낳는다는 점 등의 내용과도 분명 밀접한 관계가 있다.[8]

---

8) 송하경, 「우산 신서예론」

서예를 정의하는 것 중에는 ‘서(문자)’ 자체에 대한 정의를 서예에 대한 정의로 대체해버리는 경우가 있다. 이는 분명 경계해야 할 일이지만, 서예에 ‘문자’가 포함되어 있다는 것이 서예가 예술이 될 수 있는 중요한 근거라는 것을 증명하고 있다는 점은 간과해서는 안 된다. ‘실재를 재현 또는 재생’한다는 예술의 특성은 ‘한자’라는 문자가 함유하고 있는 고유한 성질을 그대로 대변하는 말이 된다. 문자를 기본 도구로 삼는 서예는 단순히 자연물을 대상으로 삼는 것보다 한 차원 예술화된 문자를 토대로 하므로 이미 예술의 특성을 가지고 있는 것을 기본 텍스트로 삼는 것이 된다. 그래서 문자를 가지고 하는 조형 활동은 예술을 함유하고 있는 것이라고 보인다. 또한 우산은 서예의 또 하나의 특징으로 공간성적 요소와 시간성적 요소를 확보하고 있는 것과, 이에 더해 카오스적 무한성을 가지고 있다는 것이라고 본다. 그래서 서예를 이런 복합적 특수성을 가진 장르라고 본다.

> 그러나 이들 시비와 논란, 의문의 제기와는 상관없이 서예는 언제나 그 자체 내에 공간성적 요소와 함께 시간성적 요소까지도 상당 정도 확보함으로써 서예의 개념이 적용될 수 있는 외연이 매우 협소함에도 불구하고 그 유한한 공간성적 형식세계로부터 무한한 형이상학적 카오스의 세계로까지 초월하여 갈 수 있는 가능성을 안고 있다. 장차 서예가 고급예술로 발전하여 그 몫을 크게 담당해낼 수 있을 것이라는 전망도 서예의 이런 복합성적 특수성에서 예견해 볼 수 있다.[9]

그런데 여기서의 시간성도 문자가 가진 시간성(획의 순서)을

9) 송하경, 「우산 신서예론」

가지고 서예의 시간성이라고 에둘러 말하는 것은 아닌지 의심해 보아야 할 것이다. 시간의 흐름이 보인다고 하여 평면에 쓰여진 글이 시간성을 가진다는 것이 타당하게 보이진 않는다. 서예인의 입장에서 보면 서예작품을 하는 행위의 모든 과정이 서예라는 범주에 포함된다고 보지만, 감상자가 보기에 서예라는 정의는 평면적 공간에 구성된 서예작품 하나에 한정된다.

서예와 여타 조형예술의 차이는 서예 작품 자체의 시간성적 특징보다는 서예를 해석하는 방식의 차이에서 존재한다고 본다. 결국 서예의 비평용어가 다른 예술과 차별화를 가져왔고, 여기에서 나아가 다른 예술 비평가의 개입을 억제했다. 비평이 없는 예술은 예술로의 생명력을 얻기 어려우며 이미 서예는 스스로의 한계를 그은 것이나 다름없다. 포스트모더니즘의 시대에 비평용어에 대한 관심은 어찌 보면 당연한 것이 된다. 김욱동은 "포스트모더니즘은 창작보다는 오히려 비평이나 이론에 훨씬 큰 관심을 기울인다. 모더니즘이 창작의 시대라면 포스트모더니즘은 가히 비평과 이론의 시대라고 하여도 크게 틀리지 않는다."고 말한다.

한편 우산이 말한 서예의 정의에 대한 고민과 21세기적 방향성에는 많은 부분 공감하면서도, 왜 서예에 대한 정의에 그렇게 많은 시간과 고민을 쏟아 부어야만 하는 걸까? 우산은 서예에 대한 정의와 고심이 서예인의 마땅한 의무와 같다고 본다.

> 조형예술로서의 서예가, 조형예술로서의 보편성과 서예만의 특수성에도 불구하고 예술이란 창작이며 새로움을 추구하는 변화인데다 매우 포괄적인 것이어서 그 개념정의가 불가능하듯이, 서예 역시 그 개념을 완전무결하게 정의하기란 불가능하다. 서예 자체에서뿐만 아니라 서예와 회화, 조각, 건축 등을 비롯

> 하여 타이포그라피를 포함함 디자인 등과의 관계 속에서 서예가 서예일 수 있고 서예를 서예라고 규정지을 수 있는 필요충분기준을 제시하기란 불가능하며, 따라서 그 개념을 정의할 수 없는 결론에 봉착하게 된다. 그러나 이러한 결론의 봉착에도 불구하고 서예활동이 활발하게 이루어지고 있는 현실에서 서예에 대한 정의를 포기하거나 고심하지 않는다면 이는 분명 서예인과 미학자들의 직무유기요 현실도피일 수밖에 없다.[10)]

그런데 서예는 서예 자신의 정체성에 대한 근본적인 고민을 또 하나의 자신의 정체성으로 만들고 있다. '서예는 무엇인가'라는 말이 서예 발전의 발목을 잡고 있는 것은 아닐까? 서예가 무엇인지 알아야 서예의 앞날을 내다볼 수 있다는 논리는 일견 타당해 보인다. 하지만 서예의 정의에 대해 묻는 것이 그들의 정체성이 되어 그 담론에 머물게 되는 현실은 안타깝다. 우산이 말한 것처럼 서예는 '생명공간'이다. '삶은 무엇이다'라고 규정하는 것이 근본적으로 불가능한 만큼 삶의 모든 것을 담아내는 생명공간으로서의 예술인 '서예'를 규정하는 것 또한 불가능한 일이다. 또한 서예가 고민하는 많은 부분은 예술 자체가 고민하고 있는 부분이라는 것을 알아야 한다. 아놀드 하우저는 다음과 같이 말했다.

> 예술은 그것의 언어적인 속성으로 말미암아 사물을 기호로 대치하고 기호는 실제의 사물보다 훨씬 폭이 작기 때문에 예술은 어느 정도 체계화와 관습화를 벗어날 수 없다. …… 즉 예술작품은 독창성을 어느 정도 희생시킴으로써만 이해 가능한 것이 된다. …… 예술가가 자신의 고유한 목표와 이상을 형상화할

---

10) 송하경, 「우산 신서예론」

수 있는 수준에 이르려면 자기가 반대한 양식의 표현수단조차 도 채용해야 한다는 점이다. 이런 견지에서 볼 때 비록 혁명적인 예술가라 할지라도 무분별한 전통 추종자에 못지않게 과거와 관련을 맺고 있다.[11]

서예만의 고민이라고 여겨졌던 많은 것들이 사실은 예술 자체가 가지고 있는 고민이라는 것을 알 수 있다. 소재의 제한성, 독창성의 부진함, 전통에 대한 답습 등 서예의 고질이라 여겨졌던 것이 과연 서예이기 때문에 이루어진 현상이었던가? 되묻지 않을 수 없다. 이런 고민을 했던 것은 오히려 너무나 예술적인 고민이었고 역설적으로 너무나 예술이라는 것을 증명하는 것이 된다. 그래서 예술에 대한 정의가 어려운 것만큼이나 서예의 정의를 내리기 어려웠던 것이다. 왜냐하면 서예는 예술 그 자체이며 예술 그 이상도 그 이하도 아니기 때문이다. 예술이 왜 예술이냐고 묻는 것이 소모적이라 여겨지는 것처럼 서예에 대해서도 그러하다. 우산은 '서예는 서예다'라고 말한다.

서예는 서예다. 서예는 서書의 도道와 서의 법法을 구체적으로 통일, 실현하는 서의 예藝다. 서예는 시각 중심적 조형활동의 가장 기저가 되는 공간형식을 배경 삼아 지知, 정情, 의意가 일체화된 열린마음으로서의 순수주관본체심이 서사도구와 서도, 서법과의 합일로 이루어내는 문자쓰기행위 과정에 순간순간의 일회성적 시간형식을 개입시켜 당장의 자기진정의 개성과 자유를 표현하는 문자쓰기조형예술이다.

서예는 서예다. 그리고 예술이다. 조형예술이고 추상예술이다.

---

11) 아놀드 하우저 지음, 황지우 옮김, 『예술사의 철학』, 15쪽, 돌베개.

그래서 서예는 예술작품이 가지는 고민을 같이할 수밖에 없다.

> 예술작품은 하나의 도전이다. 따라서 우리는 그것을 설명하는 것이 아니라 거기에 순응할 뿐이다. 그것을 해석하는 데에 있어서 우리는 우리 자신의 목적과 노력에 의존하며 우리의 생활방식과 사고방식에 기원을 두고 있는 어떤 의미를 작품 속에 불어넣는다. 한마디로 말해서 우리에게 실제로 감동을 주는 예술은 그런 한계에서 현대예술이 된다.[12]

아놀드 하우저는 예술작품은 도전이라고 말한다. 그리고 우리가 예술을 보는 한계를 가진다고 말한다. 서예를 바라보는 한계 또한 인정하고, 여기에 더해 한걸음 나아가는 도전이 될 수 있다면 그 자체로 예술임을 증명하는 것이 될 것이다.

12) 아놀드 하우저 지음, 황지우 옮김, 『예술사의 철학』, 15쪽, 돌베개.

10

송하경 선생님을 통해서 본 예술에 대한 나의 견해

김정은

동철 · 박사2기

들어가기

나와 송하경 선생님과의 만남은 대학원 박사2기 수업 때였다. 나는 대학원을 졸업한 후 뒤늦게 시작한 학업으로 학교생활에 적응하느라 힘든 시기였다. 〈한국미학 · 예술학특강〉이란 제목으로 2학기가 시작된 9월 어느 날 선생님과 첫 대면을 하게 되었다. 첫 수업 시간 선생님의 첫인상은 학의 자태처럼 참으로 고고하고 청아한 모습이셨다. 아니 내면의 예술적 감성과 사상이 외면으로 풍겨져 선생님의 모습에서 예술적 영감이 느껴졌다는 표현이 솔직한 나의 심정이다. 선생님의 수업은 2013년을 마지막으로, 대학에서의 강의는 마지막이셨으며 나는 운 좋게 선생님의 마지막 수업을 듣게 되어 선생님과 첫 대면을 하게 된 것이다.

원로 선생님과의 첫 대면 후 수업은 선생님께서 쓰신 비평문과 예술론을 바탕으로 여러 작가들을 비평한 비평문 등을 중심으로 진행되었다. 나는 그 비평의 글들을 통해서 먼저 타인이 나를 볼 때 나는 예술가로서 과연 어떤 모습으로 비춰질 수 있을까 많은 생각을 하지 않을 수 없었다. 왜냐하면 예술가는 먼저 관람자를 의식하고 창작활동을 하는 것은 아니지만, 세상에 작품을 내놓았을 때는 어떠한 형태로든지 무형 유형으로 책임질 수밖에 없는 것이다. 그것은 예술가의 피할 수 없는, 감당해야할 몫이라고 생각된다. 그래서 참으로 나 자신을 향해 나는 과연 어떠한 사람(예술가)인가에 대한 물음과 함께 많은 세월에 걸쳐 그림을 그려왔지만, 이 비평의 글을 통해서 나를 다시한번 돌이켜 생각하게 되었다. 나의 행위에 대해 끊임없이 성찰하고 돌아 볼 수 있어야 한 인간으로서, 비록 세상에 드러내 놓기 부끄러운 실력이지만

한 사람의 작가로서, 그래도 후회하는 그 횟수를 좀 더 줄이지 않을까 생각한다.

원로란 오랜 세월 활동한 분야에서 혹은 삶 전체에서 사람들의 인정을 받는 이를 뜻한다. 여기서 오랜 세월은 원로의 필요조건이다. 인간은 전 생애에 걸쳐 학습한다. 많은 경험은 성찰을 위한 바탕이 되며 더 높은 경지에 이를 가능성을 열어준다. 또한 다양한 경험은 그 자체로 아직 경험하지 못한 이들에게 조언과 충고를 할 수 있게 해주며, 뒤를 잇는 이들에게 앞서간 이들은 하나의 기준으로 작용한다.[1] 이렇듯 우산 선생님은 우리 제자들에게 많은 교훈과 가르침을 주신 원로 선생님이시다. 선생님의 어릴 적 생활, 학창시절 등등… 단편적이고 짧은 말씀을 들을 수 있었고, 그것을 통해 선생님의 사상적 배경과 가풍을 짐작할 수 있었다. 그리고 선생님의 깊은 학문을 바탕으로 한 여러 가지 예화와 예술적 통찰력과 사상을 근거로 비평한 글을 토대로 한 학기 수업은 오랫동안 기억될 감동적 수업이었다. 다시한번 선생님의 비평의 글을 통해 내가 인식한 예술적 사유에 대한 물음과, 예술에 대한 광범위한 범주를 나의 짧은 식견과 소견으로는 명쾌하게 서술할 수 없지만, 행위자(예술가)로서의 나의 삶을 되돌아보고, 다시한번 나를 정립해 보고, 나아갈 것을 염두에 두며, 과연 이 시대의 예술과 예술이란 무엇일까 라는 물음으로 이글을 전개해 보고자 한다.

1) 백지홍기자. 『미술세계』 7월호, 2013. p91

본론

예술이란 광범위한 범주에서 볼 때, 그것을 무어라 정의하여 단언할 수는 없다고 생각한다. 예술이란 그것은 행위자(예술가)가 어떠한 관점에서 예술을 접하느냐에 따라 다양한 형식과 가치가 있을 수 있기 때문에 특별히 일정한 정의를 내리기란 어렵겠다. 시대를 앞서 가는데 초점을 둘 수도 있고, 사회를 선도하는 계몽적 성격으로, 또는 진리를 표현할 수도 있는 등등… 단지 예술가는 어디에 가치를 두고 선택하여 창조적으로 표현하느냐가 관건이라고 생각된다. 현대 예술세계 모든 구조는 폭넓게 열려있고, 다양한 사상과 매체 그리고 과학화된 정보화의 홍수 속에 살고 있다. 먼저 서양의 하이데거의 예술론을 간략하게 서술해 보고자 한다.

하이데거에 따르면 "예술의 본질은 존재자의 진리가 스스로를 작품 안에 정립하는 것"이라고 정의 한다. 음악, 미술, 문예 등을 예술로 이해하며, 그때 우리는 화가, 조각가, 작곡가, 연주자, 시인, 소설가 등 예술가들의 특별한 재능과 그 재능이 구현된 작품을 예술의 핵심이라고 본다. 그러나 하이데거의 정의에서는 예술가나 그 재능이 신의 존재자나 그 진리가 주역을 담당한다. 작가의 재능과 작품보다 존재자나 그 진리가 좀 더 앞서는 것이다. 예술작품과 예술가가 존재하게 되는 것은 예술이 양자의 근원으로부터 존재하는데서 성립되기 때문이다. 존재라는 현상을 우위를 두고 그것을 타인에게 '밝히는 것' '드러내는 것' '보게 하는 것' '전달하는 것'인 이상 그것은 스스로를 나타내는 것이 필연적 귀결이다. 존재자적 사유에서 중심은 존재자체 쪽으로 기우는 것이다. 그의 존재론적 사유에서의 중심은 사유하는 인간 쪽에서 발현하는 존재자체 쪽으로 기우는 것이다. 그의 존재론적 예술론에서 작가론보다 진리론이 우선하는 이유가 이 때문이라고 한다.

그러면 작품이란 어떤 것인가 "그것은 그 내부에서 진리의 일어남이 존재하는 바의 것"이며, 하이데거는 진리의 일어남에서 예술작품의 의의를 찾는 것이다. 예술이란 바로 이 진리의 자기정립의 장이며, 자기정립이란 일어남이라고 표현되었다. 여기서 진리의 일어남이란 어떤 것이 올바르게 묘사되고 재현된다는 것이 아니라 "전체에서의 존재자가 비 은폐성 가운데로 가져와서 그 가운데 보존된다는 것을 말한다."[2)]

삶의 공간에서 우리는 어디서나 예술을 만난다. 구체적으로 예술을 하이데거의 예술 철학적 개념으로 접근하여 사고하기도 하지만, 삶의 관심에 따라 예술은 가까이 있을 수도 있고, 또는 멀리 있을 수도 있으며, 전혀 무관할 수도 있다. 그 관심의 양태도 사람에 따라 다양하다. 예술가 자신이라면 창작이라는 방식으로 예술과 관계할 것이며, 교사라면 교육이라는 방식으로, 화랑의 주인은 판매라는 방식으로, 그리고 관객은 감상이라는 방식으로 예술과 관계한다. 우리와 예술과의 만남에는 이렇게 여러 가지 방식이 있을 수 있다. 그중 현대에 들어 한 가지 돋보이는 것은 그 모든 예술들이 소위 문화상품이라는 중요한 품목으로 특별히 주목받는다는 것이다. 그것은 자본주의가 지배하는 이 시대에, 돈이 모든 가치의 기준으로 작용하는 이 시대에 당연한 현상일 수도 있다. 오늘날 과거 농경사회를 지나 산업화된 핵가족 시

2) 이수정, 『하이데거 그의 물음들을 묻는다』, 생각과 나무. 2010, 348-349쪽 참조.

대의 삶의 목적은 다양한 방식으로 나타나고 있다. 이러한 다양함 가운데 어떤 사람은 명예를, 어떤 사람은 부를, 어떤 사람은 안정을, 그리고 여러 가지 형태로 모든 게 자기존재와 가치를 드러내고 있다. 그러기에 오늘의 시대를 그 보편성과 특수성 측면에서 그 어떠한 형태로 규정하고 설명하기는 어렵다.

이러한 시대를 현대는 포스트모더니즘이라 한다. 그러면 포스트모더니즘은 무엇일까 먼저 서술해 보고자 한다.

포스트모더니즘(postmodernism)이란 1960년에 일어난 문화운동이면서 정치 · 경제 · 사회의 모든 영역과 관련되는 한 시대의 이념이라 할 수 있다. 다원화되고 글로벌한 시대에 기존의 어떠한 개념이나 운동은 미국과 프랑스를 중심으로 학생운동 · 여성운동 · 흑인인권운동 · 제3세계운동 등의 사회운동과 전위예술, 그리고 해체(Deconstruction) 혹은 후기구조주의 사상으로 시작되었으며, 1970년대 중반 점검과 반성을 거쳐 오늘날에 이른다.

포스트모더니즘을 알기 위해서는 모더니즘에 대한 이해가 필요하다. 서구에서 근대 혹은 모던(modern) 시대라고 하면 18세기 계몽주의로부터 시작된 이성중심주의 시대를 일컫는다. 종교나 외적인 힘보다 인간의 이성에 대한 믿음을 강조했던 계몽사상은 합리적 사고를 중시했으나 지나친 객관성의 주장으로 20세기에 들어서면서 도전받기 시작하였다. 니체, 하이데거의 실존주의를 거친 후 포스트모던 시대는 J.데리다, M.푸코, J.라캉, J.리오타르에 이르러 시작된다.

니체와 프로이트의 영향을 받은 이들은 계몽주의 이후 서구의 합리주의를 되돌아보며 하나의 논리가 서기 위해 어떻게 반대논리를 억압해왔는지 드러낸다. 데리다는 어떻게 말하기가 글쓰기를 억압했고, 이성이 감성을, 백인이 흑인을, 남성이 여성을 억압했는지 이분법을 해체시켜 보여주었다. 푸코는 지식이 권력에 저항해왔다는 계몽주의 이후 발전논리의 허상을 보여주고, 지식과 권력은 적이 아니라 동반자라고 말하였다. 둘 다 인간에 내재된 본능으로 권력은 위에서의 억압이 아니라, 밑으로부터 생겨나는 생산이어서 이성으로 제거되는 것이 아니라는 것이다. 라캉은 데카르트의 합리적 절대 자아에 반기를 들고 프로이트를 귀환시켜 주체를 해체한다. 주체는 상상계와 상징계로 되어있고 그 차이 때문에 이성에는 환상이 개입된다는 것이다. 리오타르 역시 숭엄(the Sublime)이라는 설명할 수 없는 힘으로 합리주의의 도그마를 해체한다. 따라서 철학에서의 포스트모더니즘은 근대의 도그마에 대한 반기였다.

문화예술의 경우는 시기 구분이 좀 더 세분화된다. 19세기 사실주의(Realism)에 대한 반발이 20세기 전반 모더니즘(Modernism)이었고, 다시 이에 대한 반발이 포스트모더니즘이다. 사실주의는 대상을 그대로 옮길 수 있다는 재현(representation)에 대한 믿음으로 미술에서는 원근법을 중시하고 어떻게 하면 실물처럼 그릴까 고심했다.

문학에서는 저자가 객관적인 실재를 그릴 수 있다는 믿음으로 줄거리가 인물을 조정하여 원근법과 같은 효과를 나타내었다. 이런 사실주의는 20세기에 들어서 베르그송의 시간의 철학 · 실존주의, 아인슈타인의 상대성이론 등 객관진리, 단 하나의 재현에 대한 회의가 일어나면서 도전받는다. 대상은 보는 자의 주관에 따라 다르다는 전제도 미술에서는 인상주의로부터 시작되어 입체파 등 구상보다 추상으로 옮아가고 문학에서는 저자의 서술

대신 인물의 서술인 독백('의식의 흐름'이라고도 함)형식이 나온다.

모더니즘은 혁신이었으나 역설적으로 보수성을 지니고 있었다. 재현에 대한 회의로 개성 대신에 신화와 전통 등 보편성을 중시했고 피카소, 프루스트, 포크너, 조이스 등 거장을 낳았으나 난해하고 추상적인 기법으로 대중과 유리되었다. 개인의 음성을 되찾고 대중과 친근하면서 모더니즘의 거장을 거부하는 다양성의 실험이 포스트모더니즘이었다. 따라서 철학에서는 모던과 포스트모던 상황이 반발의 측면이 강하지만 예술에서는 연속의 측면도 함께 지닌다. 비록 이성과 보편성에 의지했지만 이미 재현에 대한 회의가 모더니즘(현대성)에서 일어났기 때문이다.

각 영역에서의 특징을 살펴보면 다음과 같다. 미술에서는 추상 대신에 대중성을 띄고 다시 구상이 등장하였다. 그런데 팝아트처럼 같은 대상을 여러 번 찍어 '다르게 반복하기'를 선보이는 경우, 모나리자 등 친숙하고 고유한 원본을 패러디하여 '다양한 재현들'을 선보이는 경우, 예술가의 권한을 축소한 미니멀 아트(미니아튀르) 등, 단 하나의 절대 재현을 거부한다.

문학에서는 인물의 독백이 사라지고 다시 저자가 등장하는데 더 이상 19세기 사실주의와 같은 절대 재현을 못한다. 작가가 자신의 서술을 되돌아보고 의심하는 자의식적 서술(메타 픽션), 현실과 허구의 경계 와해, 인물과 독자에게 선택권을 주는 열린 소설, 보도가 그대로 허구가 되는 뉴저널리즘, 작가의 권한을 최소화한 미니멀리즘 기법 등이 쓰인다. 영화와 연극 역시 사실주의의 패러디로서 환상적 기법, 자의식적 기법을 사용한다. 무용에서는 토슈즈를 신었던 19세기 발레에서 맨발의 자유로움과 기법을 중시한 모더니즘, 그리고 다시 운동화를 신는 포스트모던 댄스로 대중성과 개성이 중시된다. 서사(narrative), 기호학 등 비평 이론의 경계와해는 공연예술에서 탈장르로 나타난다. 포스트모던 건축은 기능주의적이고 중앙집권적인 밋밋한 건축에서 장식과 열린 공간을 중시하고 분산적이며 옛것에 현대를 접합시킨 패러디가 유행한다.

개성 · 자율성 · 다양성 · 대중성을 중시한 포스트모더니즘은 절대이념을 거부했기에 탈이념이라는 이 시대 정치이론을 낳는다. 또한 후기산업사회 문화논리로 비판받기도 한다. 산업사회는 분업과 대량생산으로 수요에 의해 공급이 이루어지던 시대이다. 이제 컴퓨터 · 서비스산업 등 정보화시대에 이르면 공급이 넘치고 수요는 광고와 패션에 의해 인위적으로 부추겨진다. 빗나간 소비사회는 때로 포스트모더니즘의 실험적이고 긍정적인 측면을 무력하게 만들기도 한다.

탈이념, 광고와 패션에 의한 소비문화, 여성운동, 제3세계운동 등 포스트모던시대의 사회정치현상은 한국사회와도 무관하지 않다. 미술 · 건축 · 무용 · 연극에서는 실험과 저항이 맞물려왔고 1980년대 말 동구권의 사회주의 몰락과 문민정부의 출현은 한국문학과 예술에도 포스트모던 바람을 일게 하였다. 근대나 현대는 서유럽에 비하여 짧고 급속히 이루어졌기에 시민의식과 기술 산업사회가 균형을 이룰 수 없었다. 서유럽과 한국사회를 똑같이 볼 수 없는 여러 상황에 의해 한국사회에서 포스트모더니즘은 영역에 따라 큰 차이를 보인다.[3)]

이렇듯 다양한 형태로 각 민족의 문화와 고유성에 따라 여러 가지 형태로 충돌하기도 하고 흡수되는 양상 가운데 새로운 것이

---

3) 『세계미술미술용어사전』. 월간미술, 1999. P38

창조되기도 하고 소멸되기도 한다. 이렇게 어지러울 정도의 변화와 지식의 홍수에서 내가 생각하기는 현실에 유행하는 시류를 알아가는 것이 아니라 현실을 접수하고 인식하는 주관심主觀心에 의거하여 작가는 창작행위를 하고 있음을 우산 선생님의 예술론 중 신서예론에 잘 나타나있다. 우산 선생님의 신서예론 중 예술론을 발췌해보면,

> "예술의 다양한 창작은 예술의 다양한 변화의 추구와 통한다. 예술의 창작과 다양한 변화의 추구는 어떤 구체적인 대상의 모방이나 복사가 아니라 예술가의 주관적인 인식과 사유의 마음이 객관적 현실을 대상으로 삼아 인식하고 사유해낸 그 본질을 현실에 표현하는 행위요 작업이라 하겠다. 그러므로 주관심主觀心이 변화하면 예술의 창작내용이 변화하고, 객관현실이 변화해도, 주관심과 객관현실 모두가 변화해도, 예술의 창작 내용이 변화하는 것이다. 그러기에 예술의 창작은 주관심과 객관현실에 밀접한 관계가 있으며, 예술과 현실은 서로 밀접한 관계가 있다고 말하는 것이다. 예술과 현실의 관계가 제아무리 밀접하다 할지라도 예술과 현실은 결코 같은 것은 아니다. 현실은 예술의 대상이나 소재가 될지언정, 현실 그 자체가 예술은 아니다. 현실은 객관적 존재일 뿐이며, 현실을 인식하고 접수하는 인상印象은 주관적 작용에 의거한다. 그러므로 주관적인 여러 조건들, 예를 들면 예술의 경우 예술가 자신의 정신적 수양의 차이. 지식의 차이. 지향志向의 차이, 또는 그때그때 심경의 차이 등으로 인해 현실에 대한 인식의 심도와 표현의 내용에 큰 차이가 있게 된다. 이런 점에서 예술은 우선 감성이 우리에게 주는 구체적인 인상에 호소하는 것이라고 말한다.
>
> 종합하여 말하면 예술은 작가의 주관적 인식작용을 통하여 인식한 현실에 대한 본질을 현실에 표현하는 것이며, 이런 의미에

서 예술은 곧 작가의 의식의 현실적 반영이라 말하기도 한다. 예술이 단순한 현실의 재현이나 모방일 수 없는 이유도 여기에 있다."

여기서 각자와 예술가의 주관심을 주목하자면 현실이나 소재에 대한 예술가의 뛰어난 인식이나 해석이 얻어낸 결과라고 말씀하셨다. 예술가에서 자신의 온전한 주체와 자각이 걸러지지 않고 함부로 붓을 들고 세상 밖에 나와 설쳐댄다면 비평의 글 중에 걸레 중광스님의 작품의 결과가 나오지 않을까. 그림을 그리는 한 사람으로서 타산지석으로 삼을 만한 예라고도 생각한다. 이러한 것이 세상 밖으로 나올 때 작가의 외부로 표현된 조형물 즉 작품의 형상보다 그 안에 있는 내면의 심心, 즉 어떠한 생각으로 표현하느냐에 주안점을 둔다고 말씀하셨다. 심心이란 무조건적인 심이 아니라 교조주의에서 탈피한 객관세계, 조형세계, 자연세계를 통한 심안의 입장에서의 심心을 설명하셨다. 나는 이 주관심에 주목 해보면 나만의 주관심은 무엇일까 생각하게 된다. 신이 부여해준 나만의 은폐된 것을 드러내고, 드러냄에 앞서 그 은폐된 것들에 감춰진 나의 감성, 지식, 환경, 인격 등등… 이러한 것들이 나만의 조형언어로 작품이라는 공간 안에 나를 밝혀내는 것이라 생각한다.

결 론

현대 예술은 과연 인간생활의 변천과정에서 어떠한 역할을 하고 있는가를 스스로 질문할 때, 앞서 포스트모더니즘의 설명에서도 언급했지만 예술은 각 시대마다 고유한 상황이 있으며 그 나름대로의 가치를 추구하고 있다. 이러한 가치는 시대 사회 사조에 부합되기도 하고 또는 기존가치에 대한 반발이나 거부의 가치추구이기도 하며, 때로는 선각적인 가치창조의 성격을 띤 것이기도 하다. 이러한 현실에서 오늘의 현대미술은 과연 우리에게 얼마만큼 정신적인 가치를 부여해 줄 것인가. 이러한 시원적 질문에 의거해서 예술가는 근원적 심미안으로 미적 대상과의 상호작용에 의해 표출된 것이 작품인 것이다. 그 자체의 외형이 주는 의미뿐만 아니라, 내면의 실용성을 넘어선 도구 이상의 가치를 지니고 있으며, 그 가치란 정신상의 향수이며 예술성의 향수이다. 정신상의 효용가치를 근본으로 한 정신상의 자유해방의 추구이기도하다. 위와 같은 서술은 시대와 예술에 다양한 관계를 설명할 때 우산 선생님께서 신서예론에서 말씀하신 주관심과 연결시켜 생각해 보았다. 예술은 부단한 노력과 자기수련의 과정으로 세상에 내보인다. 그러나 예술가의 정신적 가치 기준이 어디를 향하느냐에 따라 자신뿐만 아니라 예술이 사회에 미치는 영향은 결코 단순하지않음을 한층 더 자각하였다. 이처럼 나의 부족함을 깨달았기에 나는 늦은 나이에 다시 학업에 몰두하고 있다. 먼저는 좀 더 나은 인간이 되어 좀 더 나은 작품을 하는 것이 나의 바람이다. "예술적 열정이 있는 한 예술가의 삶에서는 정년이 없으며 작가는 연륜이 쌓일수록 깊이는 더해간다. 괴테가 파우스트를 완성한 것은 여든 살이 넘어서였으며, 하이든, 헨델, 베르디 등도 70을 넘어 불후의 명곡을 작곡했다."고 하였다. 많은 가르침을 주신 우산 선생님께서도 이후 활발한 예술 활동을 하실 것을 응원 드리며 마지막 수업에 만나뵙게 된 행운에 감사하고, 다시 한번 나의 화업에 있어 발전적인 발화의 계기가 될 것을 스스로에게 다짐하며 글을 맺는다.

11

소통의 관점으로 본 우산 신서예론

장경석
동철 · 박사2기

들어가는 말

예술의 위기는 현실과 분리되는데서 시작된다. 예술이 예술 자체의 가치를 추구해야 하는가, 아니면 인생을 위한 것이어야 하는가에 대한 의견은 사람에 따라 차이가 있을 수 있다. 그러나 예술이 인생과 무관해짐으로써 사회와의 소통이 단절된다면, 그 사회에서 예술이 용납될 근거는 무엇이 있겠는가?

현대사회는 자본주의와 시장경제 매커니즘으로 움직이고 있으며, 매체의 발달로 소통의 방법과 코드가 변하고 있다. 이런 시대상황의 변화에 적응하지 못하는 예술이라면 도태될 것이요, 그에 맞는 예술이 살아남을 것이다. 세상에 고정 불변하는 가치는 없다. 아무리 예술이론으로 무장을 해도 예외는 있을 수 없다.

이런 시점에서 「우산 신서예론」[1]을 주목하는 것은, 한국의 서예가 이런 논란의 여지를 많이 안고 있으며, 이 문제를 앞서 고민한 사람이 우산 송하경[2]이기 때문이다. "현실은 끊임없이 변화하는 것이며, 이로 인해 현실에 대한 끊임없는 사유와 인식과 함께 예술에 대한 끊임없는 변화와 창작이 요구되는 바, 오늘 같은 한국적 서예계의 현실을 대하다 보면 신서예론을 제기하지 않을 수 없게 된다."[3]는 말에서 그의 의식이 잘 나타나고 있다.

필자가 미술 공부를 하면서 의아했던 점은, 기존에 씌어지고

1) 이 글은 서예전문지 월간 『까마』 1999년 11월호~2000년 4월호에 연재된 내용과, 2002 아시아예술학회 한국대회에서 발표한 「서예의 유한성과 무한성」을 「서예는 자기진정의 개성과 자유를 표현하는 문자쓰기 조형예술」이란 주제로 바꾸고 약간의 수정을 가한 글을 합한 내용이다. - 송하경, 『서예미학과 신서예정신』, 다운샘, 2003, 제2부 Ⅳ장.

2) 성균관대학교 명예교수, 문학박사, 한국서예학회 초대회장 역임, 한국동양예술학회 초대회장 역임, 한국서예비평학회 회장.

3) 송하경, 위의 책, 187쪽.

정립된 이론이나 작가에 대해서는 그것이 절대 진리인 양 본받아야 하는 분위기였다. 물론, 그에 대해 이의를 제기하거나 다른 생각을 말하는 것이 터부시되었다. 무슨 말이라도 꺼낼라 치면, 내용도 들어보지 않고 제지를 당하게 된다. 사정이 이렇다 보니 작품의 자유로운 창작이라는 건 생각하기 어렵고, '이렇게 하면 창작이 될 수 있는가'를 물어보는 해프닝 아닌 해프닝이 벌어지는 것이다. 창작을 할 수 있는 환경이 되지 않으니 자연 비평도 생기가 없다.

미술에 비하면 서예는 운신의 폭이 더 좁다고 할 수 있다. 명서예가의 법첩을 베끼고 또 베껴서 능숙해진 다음에야 창작을 하라고 한다. 이미 흉내 내기가 몸에 밴 사람에게 그것을 벗어나라고 재촉하는 것이다. 병 주고 약 주는 형국이 아닌가? 물론, 기술의 숙련이 없이는 자유로운 창작이 어렵기는 해도 방법이 전혀 없는 것은 아니다. 시인이 글씨를 예쁘게 써야 할 이유는 없는 것이며, 대상을 똑같이 베끼는데 능숙한 사람이 훌륭한 화가가 되는 것은 아니다. 그런 사람은 오히려 컴퓨터나 카메라를 사용할 줄 모르는 뒤떨어진 사람으로 평가받을 수도 있다. 창작은 객관적인 방법으로 전수할 수 있는 것이 아니다. 창작 이전의 단계에서는 기초적인 기술 습득이 필요하긴 하지만, 그 과정은 최소화해야 한다. 창작은 오로지 창작자에게 맡겨 두어야 한다. 창작을 위해서 숙련된 기술을 연마할 것인가 말 것인가도 창작자의 선택에 맡겨야 한다. 왜냐하면 작자에 따라, 상황에 따라 필요한 기술은 달라질 수 있으며, 필요한 기술을 스스로 만들어내기도 하기 때문이다. 누구에게는 필요한 기술이 어떤 사람에게는 쓸모없는 기술이 되기도 한다. 전수자가 해야 할 것은 훈련교관이 아니라 동기

부여다. 예술은 무엇인가, 미학은 어떤 것인가, 창작이 우리 삶에 어떤 의미인가를 끊임없이 추구하도록 충동하는 일이다.

이제 우산의 서예론을 보면서 그가 추구했던 창작과 소통의 의미를 되새겨보고, 예술에 대한 현실적인 전망을 해보려고 한다.

우산 신서예론

서예가 언제부터 시작되었느냐고 할 때, 문자의 발달이나 붓의 발달과 더불어 시작되었다고 할 수도 있다. 그러나 그것은 어디까지나 의사소통수단으로서 문자의 발달이라고 해야지, 예술적 의미의 서예라고 하기는 곤란하다. 서예의 예술적 자각은 초서草書의 출현과 관계가 있다. 배규하裵奎河는 그의 저서 『중국서법예술사』에서, "소전小篆, 예서隸書, 해서楷書 등 정체자正體字가 관방官方 정체正體로서 공식적 실용성을 위주로 발전해 온 반면 초서草書와 행서行書는 개인적 실용성을 위주로 발전하고 또 한漢나라 후기와 위진魏晉시대에 예술로서 인식되어 발전해 왔다. 서예가 예술의 한 영역으로 자리 잡기 시작한 시대는 한나라 후기이며 그 공로는 초서에 있다고 평가할 수 있다."[4]고 했다. 초서는 글씨 쓰는 사람의 개성을 발휘하기가 용이하였기 때문에, 문자를 실용적 성격으로부터 유희의 성격을 띤 예술영역에 이르게 하는 교량 역할을 하게 되었다는 것이다.

이렇게 보면, 붓으로 쓴 글씨라고 해서 모두 서예라고 할 수는 없으며, 문자의 고유기능인 공식적 실용성을 벗어난 유희적인 개성이 발현된 것을 서예라고 할 수가 있다. 우리가 일반적으로

4) 배규하, 『중국서법예술사(상)』, 이화문화출판사, 1999, 210쪽.

알고 있는 서예에 대한, 양식을 중시하고 정신의 수양을 중시하는 관점과는 다소 차이가 있음을 알 수가 있다.

과거 전통서예에 대한 인식에도 문제가 있지만, 더 큰 문제는 오늘날 한국의 사회문화다. 우산은 '신서예'를 말하고자 하는 이유를, "오늘날처럼 변화의 속도가 빠른 시대 속에서 … 우리는 어느 시대의 서예를 창작해내고, 이야기하고, 감상하는가를 반문해 보면 신서예론을 제기하지 않을 수 없다는 당위성을 가지게 된다."[5]고 하였다. 그리고 그는 신서예가 외견상 과거와 대립하거나 극복의 관계가 아니라고 말한다. 그러면서 그는 커뮤니케이션의 혁명을 언급한다.

> 바야흐로 제3의 커뮤니케이션 혁명이 일어나고 있다. 문자의 발명으로 인해 제1의 커뮤니케이션 혁명이 촉발됨으로써 입에서 입으로 전해 오던 역사가 기록으로 남을 수 있었다. 금속활자의 발명으로 인해 제2의 커뮤니케이션 혁명이 촉발됨으로써 인류의 경험과 지식이 대량으로 확산될 수 있었다. 지금은 전자우편과 컴퓨터 통신으로 인해 새 천 년의 커뮤니케이션 혁명이 진행되고 있는 중이다. …
>
> 지금 우리는 새로운 윤리적 도전 앞에 직면해가고 있다. … 과거의 전근대적 농경사회에서 이루어 낸 전통서예 속에서 무엇을 지키고 무엇을 간직할 것이며, 무엇을 바꾸고 무엇을 변화시킬 것이며, 무엇을 버리고 무엇을 새롭게 해야 할 것인가? 이제 새로운 21세기 서예인의 길고 먼 장정의 첫발을 어떻게 내딛어야 할 것인가? 이것이 문제이다.[6]

---

5) 송하경, 위의 책, 183쪽.

6) 위의 책, 197~199쪽.

커뮤니케이션의 방법이 달라지면 서예도 달라져야 한다는 말은, 우산이 시대의 변화를 감지하고 있다는 반증이라고 하겠다. 다만, 그의 커뮤니케이션에 대한 인식은 어디까지나 서예가로서 문자텍스트의 관점에서 해석한 것으로 보인다. 커뮤니케이션의 범주를 인류의 인식체계의 구성과 변천으로 확대해서 바라본다면 다음과 같은 해석이 가능해진다. 즉, 생존에 만족하던 현실세계, 신을 만들고 현실을 초월하려고 했던 신화의 세계, 기술 산업으로 자연을 지배할 수 있다고 믿었던 과학의 세계, 디지털 시대의 가상세계로의 변화다.

이런 인식체계의 변천에 따라 예술에 대한 인식도 변해왔다. 원시시대의 기록적 의미의 그림은 주술과 신화적 의미의 그림으로 변했고, 근대의 '예술의 모범은 이런 것'이라는 의미의 모더니즘은 이제 탈 장르의 포스트모더니즘으로 변했다. 우산은 포스트모더니즘에 대해서도 소홀히 지나치지 않는다. 그는 포스트모더니즘과 서예의 관계를 이렇게 정리한다.

> 필자는 앞서 오늘의 시대는 포스트모더니즘이 풍미하는 시대이고, 포스트모더니즘은 모더니즘을 넘어서 문화의 새로운 패러다임을 추구하여 가는 사조로 예술문화 전 분야에 걸쳐 탈장르 · 탈권위 · 탈중심의 사고와 그 행동을 수반한다고 지적한 바 있다. …서예문화 또한 이러한 포스트모더니즘 사조의 영향과 경향으로부터 결코 독립될 수 없는 일이다.…
>
> 첫째, 포스트모더니즘에서는 메타설화를 부정하고 선과 악 · 미와 추 등과 같은 가치문제에서 그 경계를 타파하고자 한다. …이제 바야흐로 서예문화 전 분야에 걸쳐 그 내용과 형식, 그 양과 질의 차원에서 일대 변화 발전을 도모해야 할 찰나에 와 있다.

둘째, 포스트모더니즘에서는 과거의 권위와 중심을 부정하고 장르와 장르간의 엄격한 구분을 무너뜨리고자 한다. …서예가 과거의 전통적인 영역만을 지키면서 순수성이라 내세울 이유도 없으며, 얼마든지 과거의 영역과 틀을 뛰어넘어 음악과 만나고 회화 · 조각 · 건축 · 공예 · 복식 · 연극 · 문학 등과 만나 그들에게 영향도 주고, 또 그들로부터 영향을 받아 서예의 영역 · 내용 · 형식상에서의 확대 발전을 꾀할 수도 있다.……[7]

오늘날 한국은 한문의 시대에서 소리글자인 한글의 시대가 되었고, 손으로 글씨를 쓰는 시대도 지나간 상태에서 서예로 무엇을 보여줄 수 있을까 하던 차에, 이 대목은 필자의 눈길을 머물게 했다. 서예가 한문의 틀에 갇혀있을 필요도 없고, 현실에 맞게 변할 수 있다면 희망이 없는 것만은 아니라는 생각이 들게 하였다. 다만, 서예에서의 외래어와 외국어의 수용, 그리고 대중매체와 어떻게 결합할 것인가에 대한 생각까지 읽을 수 있으면 더 좋았겠다는 아쉬움이 남는다.

그러나 우산의 생각은 여기서 멈추지 않을 것이라고 생각한다. 왜냐하면, 다음과 같은 세계화시대의 문화에 대한 전망에서 그의 의식의 역동성을 읽을 수 있기 때문이다.

오늘과 내일의 초국경의 세계화시대에 한자문화권 지역에서 발생하여 한자문화권 국가에 머물러 왔던 오늘의 서예문화가 전 세계를 무대 삼아 활동해야 한다고 할 때, 과거 서예문화에서의 그 모습 그 의식을 뛰어넘어 변화해야만 한다는 것은 너무나도 당연하다. 한자문화권의 심미의식을 뛰어넘어 세계인이 공감할 수 있는 새로운 서예양식을 창출하면서도, 동양의 전통

7) 위의 책, 206~208쪽.

> 적인 신비성과 영성靈性을 영원히 담아낼 수 있는 전면적인 변화가 시도되어야 한다.[8)]

이 글이 10여 년 전에 씌어 진 것을 감안하면, 세계화시대에 대한 그의 견해는 수긍할 만하지만, 이제는 세계화 담론에 대한 재해석이 요구되고 있다. 우리 것이 좋은 것이니 널리 알려야 한다는 생각은 자칫 제국주의의 유산이라는 비판을 받을 수 있고, 그런 맥락에서 '전통'에 대한 인식도 새롭게 정립되어야 한다는 주장이 제기되고 있다. 따라서 새로운 서예양식을 창출하는데, 반드시 '동양의 전통적인 신비성과 영성靈性을 담아낼' 것을 전제해야만 하는 것인지 묻고 싶어진다. 다른 문화를 가진 사람들이 공감할 수 있으려면, 먼저 그들의 문화를 담아낼 수 있는 양식을 고민하는 것이 순서가 되어야 하지 않을까? 기존의 틀을 고수하면서 새로운 양식을 창출하는 것이 가능하겠는가를 생각하지 않을 수 없다.

서예가 조형예술이라고 하는 다음과 같은 말에서는 서예의 영역을 재고해봐야 되지 않겠나 하는 생각이 든다.

> 서예는 오늘날 회화 · 조소 · 건축 등과 함께 조형예술造形藝術로 분류되며 여타 조형예술이 간직하고 있는 특성과 여러 요소들을 상당 부분 공유하고 있는 것이 사실이다. 그런데도 조형예술로서의 서예에 관한 학술적 연구는 거의 이루어지지 않고 있으며, 아직까지도 서예가 과연 조형예술이냐 아니냐의 문제에 관한 시비와 논란이 종식되지 않고 있다. …
>
> 그러나 이들 시비와 논란, 의문의 제기와는 상관없이 서예는

8) 위의 책, 219쪽.

언제나 그 자체 내에 공간성적 요소와 함께 시간성적 요소까지도 상당정도 확보함으로써, 서예의 개념이 적용될 수 있는 외연外延이 매우 협소함에도 불구하고, 그 유한한 공간성적 형식세계로부터 무한한 형이상학적 카오스(chaos)의 세계로까지 초월하여 갈 수 있는 가능성을 안고 있다.[9]

서예가 여타 조형예술의 특성을 공유하고 있는데 그에 대한 연구가 미진하다는 점을 지적하면서, 공간성적 요소 외에 시간성적 요소를 서예의 고유한 특성이라고 말한다. 하지만, 공연예술에 비해 전시예술에서 시간성적 요소가 얼마나 큰 의미를 가질 수 있을 것이며, 여타 조형예술도 그것을 얼마든지 담아낼 수 있다고 한다면 문제는 달라진다.

맥루언은 매체를 중심으로 역사를 4단계로 나눈다. 즉 "구술이 중심인 부족문화와 문자를 중심으로 한 필사문화, 인쇄술의 발전으로 등장한 구텐베르크 은하계, 그리고 電氣시대"[10]로 말이다. 그는 한 시대의 지배적인 매체에 따라 사회와 문화예술 등 전반적인 영역에서 변혁이 일어난다고 보았다. 전기 시대가 도래함으로써 인간의 커뮤니케이션에서 탈문자적인 성격의 구조가 등장하는데, 그 대표적인 예가 전화[11]라고 하였다. 이제 우리는 인터넷과 SNS를 통해 소통하는 단계에 와 있다.

이런 시대에 서예가 가지는 의미는 무엇인가? 기존의 도구와 서체를 고수하면서 서예는 사회대중과 어떻게 소통할 것인가? 더구나 앞서 말했듯이 서예의 예술적 위상이 초서에서 비롯되었

---

9) 위의 책, 224~225쪽.

10) 심혜련, 『20세기의 매체철학 : 아날로그에서 디지털로』, 그린비출판사, 2012, 129쪽.

11) 위의 책, 131쪽.

다고 할 때, "오늘날 일반인들이 초서를 읽을 수가 없다고 한다면, 서예가 존재할 이유는 무엇인가"하는 질문을 하게 된다. 그렇다고 사람들이 쉽게 읽을 수 있는 문자와 서체로 쓴다면, 초서의 공로로 인정했던 유희의 성격을 상실할 소지가 있으니 그것 또한 문제가 된다고 할 것이다. 과거 서예의 틀을 유지하면서 양식적인 변화만 모색할 것인가, 아니면 서예의 틀 자체를 깰 것인가를 고민할 때가 되지 않았는가.

이런 문제에 대한 대답으로는 만족스럽지 않지만, 우산의 문제의식은 여기서 끝나지 않는다. 즉 다음과 같은 말에서 그의 고민은 계속되고 있음을 알 수 있다.

> 조형예술로서의 서예가, 조형예술로서의 보편성과 서예만의 특수성에도 불구하고, 예술이란 창작이며 새로움을 추구하는 변화인데다 매우 포괄적인 것이어서 그 개념정의가 불가능하듯이, 서예 역시 그 개념을 완전무결하게 정의하기란 불가능하다. 서예 자체에서뿐만 아니라, 서예와 회화 · 조각 · 건축 등을 비롯하여 타이포그라피를 포함한 디자인 등과의 관계 속에서 서예가 서예일 수 있고, 서예를 서예라고 규정지을 수 있는 필요충분조건을 제시하기란 불가능하며, 따라서 그 개념을 정의할 수 없다는 결론에 봉착하게 된다.
>
> 그러나 이러한 결론의 봉착에도 불구하고, 서예활동이 활발하게 이루어지고 있는 현실에서 서예에 대한 정의를 포기하거나 고심하지 않는다면, 이는 분명 서예인과 미학자들의 직무유기요 현실도피일 수밖에 없다. 그러기에 서예에 대한 정의를 끊임없이 고심하고 모색하며, 끊임없이 정의하고 또 새롭게 수정하며 답을 내려가는 도리밖에 없다 하겠다.[12)]

---

12) 송하경, 위의 책, 231쪽.

'서예를 서예라고 규정지을 수 있는 조건을 제시하기란 불가능'한 것이 오늘날 한국서예의 현실이 아닌가 생각된다. 그럼에도 불구하고 서예의 독자성을 새롭게 정립해야 한다고 하면, 그 이유는 무엇인가? 그에 대한 답을 찾을 수 없다면, 회화와의 동행이나 디자인과의 접합을 시도함으로써 상생의 길을 모색할 수는 없는 것인가, 묻고 싶다.

서예의 소통 가능성

사람이라면 기본적으로 부와 권력에 대한 욕구가 있다고 가정할 때, 예술가도 자신의 예술이 고급예술로서 대접받기를 바랄 것이다. 그러나 오늘날 사회와의 소통 면에서 보자면, 권위의식을 버리고 대중과의 소통을 고려해보는 것이 오히려 예술에서의 권력 획득에 더 좋은 방법이 될 수 있지 않을까? 이제는 대중예술도 나름대로 가치를 인정하는 움직임이 많이 진행되고 있으며, 고급예술과 대중예술의 이분법도 의미가 약해지고 있다. 언제까지나 고급예술을 고집하며 대중과의 소통을 외면할 수 있는 상황은 아니다. 오히려 대중에게 널리 사랑받는 예술가가 더 존경받는 시대가 되고 있는 것이다.

박성봉은 『대중예술의 미학』에서 다음과 같이 말한다.

> 대체로 '대중예술'이라는 용어는 전통적으로 예술의 논의를 주도해 온 제도권의 관심에서 소외된 문화산물을 가리킨다고 말할 수도 있습니다. 문학의 경우는 추리소설이나 공상과학소설이고, 음악은 소위 뽕짝이나 재즈 등이며, 연극은 신파극이나 서커스 광대극 등이 그렇습니다. ……

> 그러나 문학, 음악, 미술, 연극 등과 같은 미적 학문들에 종사하는 사람 중에 적지 않은 이들이 이제는 텔레비전 연속극, 신문 연재소설, 활극영화, 연재만화, 대중가요, 베스트셀러, 이발소그림 등과 같은 문화산물도 자기 나름대로 뛰어난 질적 수준을 유지하면 얼마든지 예술이라는 이름에 값할 수 있다고 생각합니다. 이것은 미학사적 관점에서 보더라도 흥미 있는 현상입니다. 왜냐하면 예술적 가능성의 잠재력이 묻혀 있는 아직 개척되지 않은 영역들을 탐사해 들어감으로써 예술의 전 영역을 풍요롭게 확장시키는 것이 미학의 중요한 과제 중 하나이기 때문입니다.[13]

우산은 서예가 "과거의 영역과 틀을 뛰어넘어 음악과 만나고 회화 · 조각 · 건축 · 공예 · 복식 · 연극 · 문학 등과 만나 그들에게 영향도 주고, 또 그들로부터 영향을 받아 서예의 영역 · 내용 · 형식상에서의 확대 발전을 꾀할 수도 있다."[14]고 했지만, 그것에 대한 구체적인 전망은 나오지 않고 있다. 그 이유는 문학이나 미술, 음악이 대중예술로 영역을 확장해가는 동안 서예는 여전히 고급예술의 틀을 고수하고 있기 때문이다. 우산 역시 서예가 변해야 한다고는 하면서도, "서예가 유한한 공간성적 형식세계로부터 무한한 형이상학적 카오스의 세계로의 초월"을 말하며, "장차 서예가 '고급예술'로 발전하여 그 몫을 크게 담당해낼 수 있을 것으로 전망"[15]하고 있다. 서예가 다른 장르와 만나기 위해서는 초월과 고급예술을 지향하기보다는 먼저 대중과 어떻게 만날 것인가를 고민해봐야 되지 않겠는가?

---

13) 박성봉, 『대중예술의 미학』, 동연, 1995, 71~72쪽.

14) 송하경, 위의 책, 208쪽.

15) 위의 책, 225쪽.

대중과의 소통을 위해서는 대중소통의 코드를 이해해야 한다. 커뮤니케이션 학자인 빌렘 플루서는, 선사시대의 코드는 그림이고, 역사시대의 코드는 텍스트이며, 탈역사시대의 코드는 기술적 형상이라고 하였다.[16] 텍스트에서 기술적 형상으로의 변화는 두 가지 의미를 가지고 있는데, 하나는 텍스트의 한계이며, 또 하나는 기술적 형상의 작동이다.

텍스트의 한계는 빌렘 플루서가 "텍스트의 세계는 그림 세계와 인간간의 중재자로서 등장했을 뿐만 아니라, 세계를 간단히 가리키기 위해 그림세계를 깨버렸다."[17]고 한 말에서 텍스트가 상상력을 제한한다는 의미로 쓰이고 있음을 알 수 있다. 또한 이미 오래전에 노자는 "도가도비상도道可道非常道 명가명비상명名可名非常名(도라고 말할 수 있는 도는 항상된 도가 아니고, 이름 붙여 부를 수 있는 이름은 항상된 이름이 아니다)"[18]이라고 하였고, 장자는 말과 글로서는 나타내려는 뜻을 전할 수 없기 때문에 "아는 사람은 말하지 않고 말하는 사람은 도리어 모른다."[19]고 하여 언어문자의 한계를 지적하고 있다. 여기서 말하고자 하는 것은, 평면적 인식체계의 그림에서 선형적 인식체계의 텍스트로의 변화는 인식의 단순화와 고착화를 초래하였다는 것이다.

다음으로 기술적 형상은, 그 이전의 그림과는 달리 기계의 조작으로 만들어진 형상을 말한다. 그리고 그것이 작동한다는 말은 우리가 단순히 그 형상을 보고 해석한다는 의미를 넘어, 그 형상

---

16) 빌렘 플루서, 『코무니콜로기-코드를 통해 본 커뮤니케이션의 역사와 이론 및 철학』, 김성재 역, 커뮤니케이션북스, 2001, 제2장 참조.

17) 위의 책, 143쪽.

18) 王弼, 『老子註』, 中華民國 藝文印書館, 一章.

19) 『장자(莊子)』, 김달진 역, 문학동네, 1999, 184쪽. "知者不言 言者不知."

이 우리의 삶에 강력한 힘으로 개입한다는 것을 뜻한다. 커뮤니케이션의 혁명은 우리가 의식하는 것보다 한층 더 강한 영향을 끼친다. "붉은 신호등은 '정지!'를 의미하고 완두의 요란한 초록색은 '나를 사시오!'를 의미한다. 우리는 의미심장한 색들에 의해 지속적으로 영향을 받고 있다. 사람들은 색으로 우리를 프로그램화한다. 색은 코드화된 세계의 한 측면이다. 그 세계 속에서 우리는 살아야 한다."[20]는 빌렘 플루서의 말은 기술적 형상의 의미를 잘 설명하고 있다. 텍스트에서 기술적 형상으로의 변화는, 선형적 인식체계에서 컴퓨터 프로그램의 체계인 2진법의 점의 인식체계로 단순화, 가속화되었음을 말한다.

소통의 코드가 변했다고 해서 과거의 코드가 폐기되거나 쓸모없어진 것은 아니다. 그런데 그림과 텍스트가 기술적 형상의 시대에서도 살아남을 수 있었던 이유를 생각해봐야 할 것이다. 텍스트의 등장 이후 그림은 의사전달의 영역을 텍스트에 내주고 텍스트가 담당하지 못하는 비언어적인 영역으로의 발전을 도모했다. 그리고 카메라의 등장 이후에는 사진의 영역을 카메라에게 내주고 카메라가 담당하지 못하는 탈묘사적인 분야로의 발전을 모색했다. 텍스트 역시 매스커뮤니케이션의 등장 이후 신화와 역사 중심주의에서 탈역사로의 변화를 꾀하고 있다.

그렇다면 서예는 어떻게 할 것인가? 서예를 그림이나 텍스트에서 따로 떼어서 파악하는 것은 불가능할 것이다. 서예는 텍스트에서 출발했지만, 조형예술이라는 면에서는 그림과도 맥이 닿아 있다. 그러면서도 기술적 형상에 대처하려는 움직임은 눈에 띄지 않는 듯하다. 서예가 앞으로도 살아남고자 한다면, 그림과

20) 빌렘 플루서, 『그림의 혁명』, 김현진 역, 커뮤니케이션북스, 2004, 26쪽.

텍스트가 오늘날 어떻게 변하고 있는가를 본보기 삼아 나름대로의 행보를 정해야만 할 것이다.

우산은 지금도 서예가 변해야 된다고 말한다.

> 이 세상에 존재하는 모든 것은 한순간도 변하지 않는 것이 없다. 시간의 흐름은 한순간도 멈추지 않기 때문이다. 이런 의미에서 존재는 곧 변화이다. 바꾸어 말하면 변하지 않으면 존재할 수 없고, 변해야만 존재할 수 있다는 것이다. … 당연히 서예도 변하며, 오늘의 서예는 어제의 서예와 다를 수밖에 없다.[21)]

다만 그가 말하는 변화가, 세계가 변하고 있으니 서예도 변해야 된다고 하는 말의 순환을 벗어나지 못하고 있다는 느낌이 든다. 그것은, 아직 현실적인 방법을 찾지 못했기 때문일 수도 있고, 예술가는 말보다는 작품으로 먼저 보여줘야 그 말에도 힘이 실리기 때문일 수도 있다.

맺는 말

본고에서는 우산의 서예론을 중심으로 오늘날 한국서예에 대한 그의 전망과, 그에 대한 필자의 견해를 제시하였다. 한국의 현대서예문화가 공모전에 의해 주도되고 있는 상황에서, 우산은 한국서예학회, 한국동양예술학회, 한국서예비평학회를 잇달아 설립하면서 한국 서예계의 변혁을 주도해왔다. 시대의 변화에 맞게 서예도 변해야 한다는 말이나, 커뮤니케이션의 혁명, 포스트모더

---

21) 송하경, 「현대 한국서단의 비판적 회고」, 『서예학연구』, 제21-2호, 한국서예학회, 2012, 98쪽.

니즘의 풍미, 세계화시대에 대한 전망, 탈 서예 등에 대한 그의 발언은 메마른 땅에 한 줄기 단비와도 같은 희망이 아닐 수 없다.

그러나 그 단비가 대지를 적시고 새싹을 틔워 꽃을 피울 수 있을 만큼의 양이 되려면, 아직도 가야 할 길이 더 남아 있다는 생각이 든다. 그것은 곧 커뮤니케이션 코드의 변화, 그리고 그림과 텍스트에 대한 좀 더 심도 있는 연구가 진행될 필요가 있다는 것이다. 그런 연구를 바탕으로 서예의 틀을 유지하면서 옷만 갈아입어도 될 것인가, 아니면 틀 자체를 전면적으로 재구성해야만 할 것인가를 숙고할 때가 되지 않았나 하는 의견을 조심스럽게 타진해 본다.

어떤 결론에 도달하든지, 이제는 더 이상 생산자 중심의 예술이 주도하던 시대는 아니며, 소비자에게도 주도권이 많이 주어지고 있고, 또 그럴 수밖에 없는 시대가 오고 있음을 인정해야 한다. 그리고 그에 알맞은 대처를 해야만 할 것이다.

※ 참고문헌

박성봉, 『대중예술의 미학』, 동연, 1995.

배규하, 『중국서법예술사(상)』, 이화문화출판사, 1999.

빌렘 플루서, 『그림의 혁명』, 김현진 역, 커뮤니케이션북스, 2004.

빌렘 플루서, 『코무니콜로기 - 코드를 통해 본 커뮤니케이션의 역사와 이론 및 철학』, 김성재 역, 커뮤니케이션북스, 2001.

송하경, 『서예미학과 신서예정신』, 다운샘, 2003.

송하경, 「현대 한국서단의 비판적 회고」, 『서예학연구』, 제21-2호, 한국서예학회.

심혜련, 20세기의 매체철학 : 아날로그에서 디지털로』, 그린비출판사, 2012.

王弼, 『老子註』, 中華民國 藝文印書館.

『장자(莊子)』, 김달진 역, 문학동네, 1999.

12

『한국미학·예술학특강』 자료집에 관한 소고

한상일

유학 · 박사2기

서 언

예술과 문학이 발전하기 위해서는 그 작품이 지니고 있는 가치를 분석, 정의하고 그에 따른 시비是非와 곡직曲直 그리고 미추美醜 따위를 논해야 함은 지극히 당연하다. 그럼에도 불구하고 자연과학과 달리 일정한 기준이나 수치상으로 표현하기 위한 계량적 객관성의 확보가 지극히 어려운 관계로 그 작품의 비평에 따른 반대의견의 제기는 항상 또 다른 비평적 논쟁을 유발할 수 있다. 특히 시대적 조류에 따라 평가기준이 달라질 수 있는 점은 인문학에 있어서 주관적인 사고가 개입될 소지가 다분하기 때문에 정확한 비평을 위한 규구規矩는 제시되기 어렵다고 여겨진다. 그러나 많은 사람이 공감할 수 있는 객관성의 확보는 그나마 소모적 논쟁을 피하기 위한 필수적 요건이라 하겠다.

본 고는 이상에서 나열한 문제점들에 대한 해결책을 검토하고, 현재 당면하고 있는 한국 서예문화의 반성적 자성自省과 해명을 전제로 서예문화 전반에 걸친 학술적 비평활동으로 미래지향적 건전한 서단의 발전을 도모코자 노력을 하고 있는 (현)한국서예비평학회 회장 우산 송하경 성균관대 명예교수의 소논문들 중 일부를 발췌하여 필자의 느낀 점을 기술하고 의견을 제시함으로써 한국서예문화의 발전에 조금이나마 도움이 되고자 기대해 본다.

아울러, 우산 송하경은 지금 우리 서예인은 어디에 서 있는가를 반문하고 있다. 지금 우리는 어느 시대의 서예를 창작해내고, 이야기하고, 감상하는가를 반추하면서 신서예론을 제기하지 않을 수 없다는 당위성을 피력하고 있는 바, 지금 오늘의 이 시기가 어떠한 상황에 처해 있는지를 그의 글 「우산 신서예론」을 통하여 분석해 보고자 한다.

비평기준과 조건

비평이라 함은, 그것을 평가하기 위해서 어떠한 형태로든 그에 걸맞은 기준이 필요하다. 예술작품의 비평이 전통적 가치의 틀 속에서 과거의 모범적인 작품을 기준으로 한다면 이는 관습적인 것으로서 새로운 창조성을 기대하기는 어려울 것이다.

시대정신은 시대변화와 직접적으로 관련이 있는데 이것이 변한다는 것은 객관현실 그리고 삶의 내용과 형식 또한 변하는 것이기 때문이다. 다양한 예술의 창신과 출현은 시대변화에 대응한 추구활동으로서 시대에 부응하는 시대정신의 구현인 것[1]이라고 우산은 말한다. 따라서 이러한 전통의 변화에 보조를 맞추어 그에 상응하는 비평의 척도가 요구된다 하겠다. 그렇지 못할 경우, 그 동안 계속되어 오던 관습은 곧 이와 충돌하게 되는 까닭에 그 객관적 심미기준 자체의 타당성 상실여부를 우선 재고해 보아야 할 것이다.

그러나 그 가치판단의 기준은 어디까지나 예술을 위한 예술의 형식적 차원이 되어서는 안 될 것이다. 특히, 예술적 가치를 어디에 둘 것인가의 기준을 전문가적인 안목으로써 일반인과의 사이에 경계선을 만들기보다는 그들의 동감을 유도해 낼 수 있는 쪽으로 끊임없이 수렴되도록 하여야 할 것이다. 왜냐하면 그 동안 서예계는 전문적이라고 자부하는 그들로 인해 독점되고 주도

1) 송하경, 『한국미학 · 예술학특강』 논문집, 성균관대학교 유학과, 2013, 137쪽.

되어 온 바, 일반대중 모두를 포용해야 할 서단이 오히려 그들을 배제하고 있기 때문이다. 대중을 배척함으로써 오히려 대중의 외면을 초래하였고, 그로 인해 그들만의 리그를 재촉하고 있기 때문이다. 작품을 생산하는 예술가는 소수인 반면에 그것을 소비하는 일반대중이 절대 다수를 차지하고 있는 지극히 상식적인 것을 도외시 할 수는 없기 때문이다.

엄밀히 말하자면 현재의 서단은 공정하지도 않고 순수하지도 않다. 사상이나 이론이 편벽되고 여전히 허명虛名과 허예虛譽에 실상이 포장되고 가짜와 사술詐術에 진실이 은폐되고 조작된 권위에 문화권력이 집중된다.[2] 이처럼 서예계 역시 여타 예술과 마찬가지로 시장과 권력에 예속되어 있음은 주지의 사실이다.

그러나, 서예작품의 창작 · 감상 · 비평 등의 심미활동에 대한 기준이 서로 다르다 하더라도 역사에 전해지는 훌륭한 작품들이 존재한다함은 보편적이고도 객관적인 심미기준이 있다는 것을 역설적으로 나타낸다고 할 수 있다.[3] 이러한 것 중에 가장 중요한 요소는 역시 예술이라는 매체를 통해서 많은 사람들이 공유할 수 있는 공통점을 마련하는 것이라고 하겠다. 이것은 곧 작품의 창작과 감상에 전문적인 것도 중요하지만 특히 현대에 들어서는 대중과의 상호교감은 충분조건을 넘어 필수조건적인 기준이 되고 있는 것이다.

우산은 논평자들이 흔히 서예가를 평가할 때 지나치게 과장하는 점을 다음과 같이 지적하고 있다.

---

2) 위의 책, 104쪽.
3) 위의 책, 106쪽.

지난 2월에는 진태하가 여초 김응현을 '서성書聖'이라 목청을 돋우더니, 지금은 선주선이 동강은 "우리 서단의 귀감이요 사표요 보배"이자 "세계서단의 일대종사"이며 "이 시대의 지인"이므로 마땅히 동강을 "구심점으로 삼고 지표로 삼아 대동단결하자."고 목청을 드높인다. 지인은 성인보다 한 차원 넘어서는 더 높은 경계의 인간이요 인간의 마지막 궁극자이다. 찬사가 너무 지나치지 않나 염려스럽다. 그러나 허물이 어찌 선주선에게 있겠는가! 우리 서예인 모두의 허물이요 슬픔일 뿐이다.[4]

실로 필자가 봐도 미사여구의 극치이다. 어디 위의 내용뿐이겠는가. 대부분의 전시회에 나오는 작가들을 소개하는 내용은 모두가 서성書聖이고 지인至人인 마당에 도무지 분별을 가늠할 수가 없을 지경이다. 철저히 상업성에 동조하는 것이 아닌가 하는 느낌을 떨치기 어렵다. 결국은 작품을 위한 광고가 아닌지 의심스런 경우가 종종 있으며 이것의 피해는 결과적으로 작가 자신에게 돌아가는데도 불구하고 말이다. 때로는 작가가 고인이든 생존하고 있든 그들의 의사와 상관없이 흐르는 경우도 있다. 이러한 것을 바로잡기 위해서 우리는 보다 보편성을 띤 객관적인 관점으로 접근할 수 있는 공통의 분모를 확립하여야 할 것이다. 그것이 없는 한 불신, 비방, 불평은 계속 될 수밖에 없다. 이를 개선하기 위해서 비평가는 어느 하나에도 구속되지 않는 중립적 상태를 요구받게 된다. 즉, 예술의 특성상 스승과 제자의 관계라든가 금전적 유혹, 문화적 조직의 권력관계 등으로부터의 자유로움이 비평의 기본조건임은 말할 필요조차 없이 당연한 것이다. 바람직한 비평은 감상자로 하여금 부족된 점을 보완해 주는 구체적인 설명

4) 위의 책, 109쪽.

을 필요로 한다. 그것은 현실이 아닌 이상의 세계를 향한 인도적 판단에 도움이 되어야 할 것이며 그것이 비평가가 지녀야 할 능력이며 조건인 것이다.

비평의 목적

비평가가 예술의 창작과 감상이 왜 필요한가를 명확히 인식해야 함은 지극히 당연하다. 그러한 인식으로부터 예술의 존재이유를 정의할 수 있고, 그것이 어디에 소용이 있고 무엇을 위해 필요한지를 알게 된다면 그에 대한 비평은 훨씬 가치있게 다루어질 것이기 때문이다. 이것을 통하여 우리는 보다 객관적인 평가를 기대할 수 있으며, 이로 말미암아 일반대중과 더욱 친숙해질 수 있는 기회를 만들 수 있게 되는 것이다. 여기서 말하는 일반대중이라 함은 곧 감상자인 동시에 비평자를 말하는 것이다. 우리는 그동안 일반 감상자와 비평자를 이분법적으로 나누어 예술을 위한 예술을 지향하지 않았는지 되돌아보아야 할 것이다. 소비되지 않는 예술작품은 이미 예술작품이 아니기 때문이다.

예술적 가치란 무엇을 의미하는가. 다만 희귀성으로 인한 소장가치를 궁극적 목표로 하고 있지는 않나 자문해볼 필요가 있다. 그러나 그보다 중요한 것은 왜 예술이 필요한지에 답해야 할 것이다. 비평가가 아무리 훌륭한 작품이라고 강조하여도 정작 감상자가 아무런 감동이나 흥미를 느끼지 못한다면 이미 그것은 한낱 무의미한 말잔치로 끝나고 말 것이기 때문이다. 이미 그것은 죽은 작품이나 마찬가지이다.

아울러 작가는 남으로부터 인정받고 싶은 강한 욕구를 가지게 되므로 이러한 타인의 관심에 얽매이게 되는 것은 곧 나의 창의성을 포기하고 그 타인이 자신의 능력을 결정하게 하는 우를 범할 수 있는 것이다. 그러므로 비평가의 올바른 비평은 작가와 감상자 사이의 중간자 역할을 하는 것이기도 하지만 흔히 현대예술에서 말하는 작가와 딜러와 컬렉터만의 세계에서 일반 대중으로의 전이 및 확산을 시키는 역할을 담당해야 할 것이다.

우리는 예술을 통해서 일상의 생활에서 한 단계 높은 이상을 꿈꿀 수 있으며 정서적 안정과 삶의 질 그리고 정신적 성장을 이룩할 수 있다. 그렇기에 올바른 비평을 통해서 이러한 가치 평가에 도움을 줄 수 있을 때 비로소 진정한 비평의 목적을 달성할 수 있다. 창작을 통하여 만들어진 예술작품 만큼이나 비평 또한 중요한 이유가 여기에 있는 것이다. 예술도 결국은 보다 낳은 풍요로운 삶을 위한 것이기 때문이다.

신서예론

우산 송하경은 그의 신서예론에서 새로운 개념의 글씨쓰기와 문자쓰기조형을 요구하고 있다. 그것은 신新과 구舊의 대립관계를 조장하는 것이 아닌 대대관계對待關係로서의 새로운 서예를 말한다. 그는 말하기를, 동양의 예술적 미관념과 심미의식은 더욱 그러하다고 설명한다. 옛것을 기반으로 다양한 새로운 양식의 프로그램을 창출 · 운용하는 것을 적극적 계승 · 발전 관계로 정의하고 있다. 구서예舊書藝는 이미 흘러간 시대의 서예모습이자 새로운 서예의 자료에 지나지 않는다고 하였다. 따라서 구서예를 기반으로 신서예를 통해 다시금 내일을 새롭게 창출하여야 한다

고 말한다.[5)]

서예는 우리나라에서 특히 전통예술로 인식되어 온 것이 다른 예술과 다른 점이라고 하겠다. 우리나라의 정서상 전통이라는 것은 지켜져야 하는 보수적인 성격이 강한 것은 그 때문이다. 우리나라의 서예가 먼 옛날부터 이어져 온 가운데, 조선시대에 들어와서 특히 국시國是인 조선성리학과 함께 궤를 같이한 것은 주목할 만한 일이다. 물론 조선후기 실학이 대두되면서 동국진체의 발현, 그리고 추사를 통한 새로운 서체의 등장이 있기는 했으나 여전히 당시 시대를 주도해 나가기에는 다소 역부족인 점을 들 수 있다. 이후 구한말과 일제 강점기를 지나면서 서예는 정체를 거듭하기에 이른 것은 누구나 알고 있는 현상이다. 그러나 현대에 와서 과거의 그러한 현상이 우리에게 던지는 메시지는 매우 충격적으로 다가오는 점을 간과해서는 안될 것이다. 왜냐하면 그것은 자주적인 것이 아니었고 사대주의적 종속의 시대를 의미하기 때문이다. 이것을 탈피한다는 것은 곧 독자적인 주체성확보를 의미하며 그래야만 새로운 창조를 기대할 수 있기 때문이다.

전통을 고수하는 것은 지나간 과거로의 집착으로서, 그 틀 속에 갇힌다 함은 스스로를 노예로 만드는 결과를 초래하는 것이다. 법고法古란 말 그대로 옛것을 본받는다는 뜻이다. 그것은 당연히 해야 할 일로서 자신의 의지와는 별로 관계없는 일이라고 하겠다. 곧 수동적이며 고정된 자세를 의미하지만 창신創新은 자신이 하고 싶은 일을 하는 것으로써 능동적이며 역동적인 것이다. 따라서 법고란 창신을 전제로 행해지는 것이어야 마땅함은

---

5) 송하경, 『한국미학 · 예술학특강』 논문집, 「우산 신서예론」, 성균관대학교 유학과, 2013, 184쪽.

이 때문이다. 세계는 끊임없이 변하는 과정의 연속이다. 그러므로 예술도 시대에 맞춰 변화해야 하는 것은, 미래를 이끌어 가야 하는 우리가 이미 지나간 이념과 사고의 틀 속에 더 이상 머물러서는 안 됨을 의미한다.

결 어

예술계를 비롯한 어느 분야이건 부정부패가 만연되어 있는 현실이 어제오늘의 일은 아니다. 어디 서예계뿐만이 그렇겠는가. 미술, 음악, 스포츠 등등 모든 분야에 광범위하게 퍼져 있는 부패의 연결고리는 우리 사회에서 암적인 존재임은 틀림없다. 심지어 유아콩쿨대회까지 다양하게 만연되어 있다. 해마다 반복되는 서예 공모전은 모두가 개탄하면서도 고쳐지지 않고 있는데 이미 그들만의 리그가 된 지 오래되었다. 물론 하루속히 개선돼야 하겠지만 그것이 일시에 바뀔 수는 없다고 본다. 좀 더 긴 안목으로써 조급함을 덜어내고 하나씩 개선해야 할 부분이라고 생각한다. 그것은 국민의 전반적 정신문화의 의식과 수준에 관계되는 것이기 때문이다. 20세기 이래로 급격히 산업화에 수반된 물질만능주의를 개선하지 않는 한 요원한 문제일 뿐이다. 그러한 부정에 불만을 토로한들 누워서 침 뱉기일 뿐이다. 다만 나부터 앞장선다는 선도적 자세가 무엇보다도 필요하다.

비평가의 입장에서 작품을 평하는 것은 매우 중요한 작업인 것이다. 그것은 작가와 작품을 자칫 죽이거나 살릴 수 있을 만큼 영향력이 크기 때문이다. 예를 들어 걸레 중광은(그의 작품들에 대한 평가는 차치하고) 그가 생전에 말했듯 '괜히 왔다 간다.'고 하였는데 이 글은 이미 죽어서 말이 없는 그의 묘지에도 쓰여 있다. 그러나 사후 전시회를 개최하여 '추사 이후의 시서화 삼절'이라고 칭하며 그를 추사의 반열에 올려놓아 오히려 반감을 제고시키는 결과를 가져왔다. 중광이 그러기를 바랐는지는 알 수 없으나 그것은 비평가의 입을 통하여 감상자들을 농락한 것에 지나지 않는다. 보편성을 잃고 주관적 사사로움이 개입된다면 이미 그것은 비평으로서의 역할을 수행하기 어려운 것이다. 올바른 비평을 위해서는 말로만이 아닌 창작의 가치를 높이고, 유도하고, 발전시키는 쪽으로 행해져야 할 것이다.

우산 송하경은 말하기를, 예술창작은 숙련된 기술의 성과가 아니라 현실이나 소재에 대하여 예술적으로 인식하고 해석한 결과로써 발생하는 것인데 현실은 끊임없이 변화하고 이로 인해 지속적인 변화와 창작이 요구되는 것이라고 하였다. 따라서 오늘날 한국서예계의 현실에서 신서예론을 제기할 수밖에 없다고 하였는데[6] 이는 과거에 얽매어 답습하는 것을 뿌리치고 현실의 상황을 더 분석하여 보다 사실적이며 사물을 직시하는 쪽으로 승화되어야 할 것이다. 왜냐하면 현실은 끊임없이 변하고 있기 때문이다. 고인古人이나 타인이 만들어 놓은 작품은 이미 과거인 것이다. 거기에 천착하고 오로지 숭상만을 한다면 어디까지나 거기에 귀속된 예술의 노예가 아니고 무엇이겠는가. 그렇다고 그것을 무시하자는 것이 아니다. 당연히 법고창신을 도모하여야 하겠다. 그것이 바로 자신의 주체성 확립과 연결되어 있는 까닭에 비로소 새로운 것을 창조할 수 있는 것이다. 모방에서 창조로 가야 하는 이유이다. 그렇게 함으로써 세상을 더 아름답게 이끌어 가는 견

6) 위의 책, 187쪽.

인자의 역할을 담당하게 되는 것이다. 그것이 결국은 새로운 시대의 요구에 부합하는 것이라고 하겠다. 거창하게 넓은 안목과 십자가를 졌다는 책임의식의 굴레에 갇히기보다는, 혹은 저 멀리서부터 새로움을 찾기보다는 온전히 내 안의 호기심을 좇을 때 창의성이 생겨나는 것이다. 그렇지 못할 경우 우리의 예술은 형식적이 되어 여기에 멈추게 되며 이는 곧 퇴보를 의미한다고 하겠다. 예술, 나아가 인문학이 더 이상의 구호나 동떨어진 특정한 대상을 위한 것이 아닌 일상생활 속에 녹아 있을 때 현실과 함께 호흡하며 진정한 창작을 기대할 수 있는 것은 이 때문이다.

13

우산 송하경

박경희
유학 · 박사1기

"…이 세상은 일을 저지르는 자의 것이다.
일을 저지르면 어떻게든 마무리하게 되어 있다…"
-2013년 9월 27일(금) 수업시간 중에-

들어가는 말

본인은 현재 홍익대학교 대학원 시각디자인전공 박사학위과정 6차 학기를 수료하고 박사학위논문 과정 중에 있습니다. 2006년부터 2010년까지 최근 4년간 지자체에서 도시디자인전문 전문직디자이너로서 공공디자인업무를 수행한 것이 계기가 되어 공공디자인 특히, 본질적인 '디자인의 공공성'에 관심을 갖게 되면서 자연스럽게 동양의 공공성에 주목하게 되었습니다. 이런 연유로 『유교적 가치에 기반 한 디자인 공공성』이라는 논제로 논문을 준비하는 과정 중에 유학에 대한 공부의 필요성을 깨닫고 꿈에 그리던 성균관대학교 일반대학원 유학과 박사과정에 들어오게 되었습니다.

시원을 알 수 없는 그 어느 날로부터 한 치의 어긋남 없는 인연의 나비효과로 인하여 600여 년의 역사와 전통을 자랑하는 성균관대학교에 입학하고 보니 감회가 남달랐습니다. 전공과목 외에도 선수과목, 양현재 수업 등 아침부터 저녁까지 밥 먹을 틈도 없이 빡빡한 일정이 마치 성균관고등학교 3학년(?) 같은 학교생활이었지만 하루하루가 금쪽 같이 아까운 한 학기를 보냈습니다. 특별히 40여년 강단생활을 갈무리하시는 우산 선생님의 마지막 강의를 수강하게 된 마지막 제자들 중에 속할 수 있어서 더할 나위 없이 행복하고 감사했습니다.

우산 선생님의 최근 몇 년간 작성된 페이퍼 중에서 선별된 10

편의 글을 중심으로 매주 진행된 강의를 통하여 선생님의 학문세계 및 사상적 일면을 조금이나마 알게 된 귀한 시간이었습니다. 그러나 당신의 마지막 강의라서 그런지 선생님 당신에 대한 비평문을 작성해서 제출하라는 마지막 과제는 마지막이라는 상황에 걸맞게 그 의미가 심중하면서도 또한 과제를 제출해야 하는 제자의 입장에서는 심히 곤혹스럽기까지 합니다.

다만 "비평이란 넓게는 우주 내의 제반 구성요소들 간에, 좁게는 우리 인간사회와 그 문화체계 내의 제반 구성요소들 간에 원활한 소통이 이루어질 수 있도록 통로를 열고 닦아주는 아름다운 지적 활동"[1]이라는 선생님의 말씀에 기대어 몇 자 적어 보고자 합니다.

우산 송하경

'조해리의 창'은 조셉 루프트와 해리잉 램이라는 두 사람의 이름을 합성해서 만든 심리학 전문용어이다. 인간의 마음을 ① 개방된 영역(자신도 알고 남도 알고 있는 영역), ②비밀의 영역(자신은 알고 남은 모르는 영역), ③맹점의 영역(나는 모르고 있지만 남들은 알고 있는 영역), ④미지의 영역(나도 남도 모르는 영역, 무의식의 영역)의 4가지 패턴으로 분류한 것이다. 당신께서는 필경 ③번의 영역이 궁금하셔서 이러한 과제를 내신듯 하지만, 아마도 ①번의 영역 중심으로 논의가 전개되어야 할 것 같다. 다만 ①번의 영역 중심으로 전개된 논의 중에서 예상치 못한 ③번의 영역을 발견하시길 기대해 본다.

---

1) 송하경, 『추사의 원교 「서결」비평에 대한 비평』, 서예비평 2호.

1) 우연과 필연

우산 선생님의 정체성은 정통 유학자의 집안에서 자라난 이력으로부터 자유롭지 못하다고 할 수 있다. 어려서는 새벽부터 "하경아~" 하고 부르시던 조부님의 음성으로 하루를 여시고 조부님 슬하에서 『천자문』, 『소학』 등을 공부하고 붓글씨도 익혔다고 하신다. 이러한 유학자의 집안에서 자연스레 함양된 유학의 필연적 바탕위에 또한 우연이자 필연적으로 양명학을 만나서 양명학의 입장에서 유학을 바라보게 되는 균형 잡힌 시각을 갖추게 된다.

> "돌이켜보면, 나의 유교(유학)에 대한 학습과 관심은 우연이요 필연이었다.…농촌의 청빈한 유학자 · 서예가의 집안에서 태어난 나는 초등학교(국민학교)입학 전 할아버지 슬하에서 『천자문千字文』 · 『사자소학四字小學』 · 『계몽편啓蒙編』 · 『소학小學』 등을 읽고 붓글씨를 익히면서부터 유교적 인생관에 심신이 훈도薰陶되고, 가난한 농촌에서 성장하면서 소박 · 근검 · 절약 · 절제 등의 유교적 경제규범으로 생활이 정제整齊되어 갔다 …(중략)… 어느 날 성균관을 출입하시던 아버지의 스쳐 지나가는듯한 한마디 말씀에 힘을 얻어 성균관대학교 동양철학과에 입학하고…나의 양명학陽明學에 대한 학습과 관심 또한 우연이요 필연이었다 … 중략 … 대만에서의 유학생활을 통해 주자학과 전연 다른 각도의 관점에서 공맹유학孔孟儒學을 새롭게 해석하고 설파했던 양명학을 접하면서부터 유교의 또 다른 세계와 길이 있음을 알게 되었다. 이 어찌 우연이자 필연이 아니겠는가 …(중략)… 내가 이해하고 있는 양명학은 주자학적 이성에 다시 비판기능을 회복시키고 형식규범의 지배로부터 인간 회복을 통해 전제주의적 질곡桎梏을 극복하고자 한다. 이는 양지良知의 창조성을 자각적으로 발

견하고, 주자학의 형식규범적 이성에 의해 배제된 인간 이성의 활발발한 본래 사유를 복권시키는 데서 가능하다고 본다…."[2]

위의 인용문에서 보는 바와 같이 유학이라는 씨줄과 양명학이라는 날줄의 우연과 필연이 교차 된 운명적인 교직은 우산 선생님의 정체성을 이루는 근원적인 바탕이 되었다고 할 수 있다.

2) 구체신용舊體新用

서예는 두 번 선을 긋는 법이 없으며, 군더더기가 없어서 초심과 직관을 수련하기에 적합하다는 우산 선생님의 서예예찬[3]은 '구체신용' 측면에서 볼 때, 아래 '다로경권茶爐經卷'의 서체에서 보듯이 '구체'를 바탕으로 '신용'으로 한 걸음 더 나아가는 노력으로 나타난다.

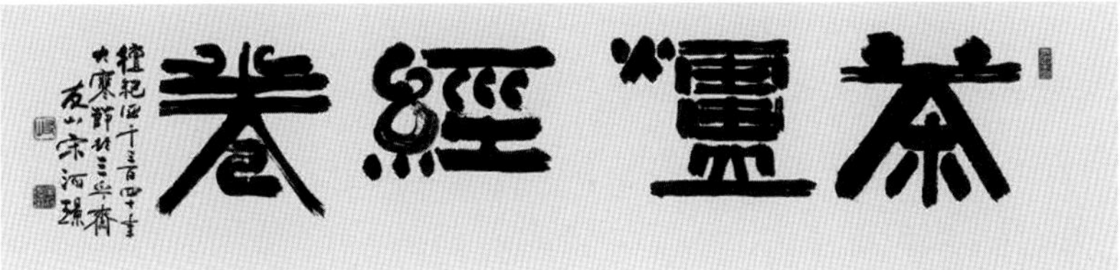

송하경, 〈다로경권(茶爐經卷)〉

'서여기인書如其人'이라고 했던가. '다로경권'이라는 글씨는 우산 선생님의 정체성의 일면을 엿볼 수 있는 하나의 예라고 생각되는 바, 자연스레 추사 선생님의 '죽로지실竹爐之室'이 연상되어 비교해 보자면 우산 선생님의 '다로경권'이 좀 더 단아하다

2) 송하경, 『세계화 바람 앞의 동아시아 정신』, 도서출판 다운샘, 2009, 3-6쪽.

3) 2012.9.20 과천향교 바른생활 멘토교실, 『동아시아 인문학의 리더쉽』 강의 요지문 중.

고나 할까. 태생적인 유학[舊體]의 바탕위에서 조우한 양명학[新用]적인 일단이 엿보이는 작품의 예라고 생각한다. 다만 '죽로지실'에 비해 '다로경권'이 여전히 모범적이고 다분히 '구체'적으로 보이는 것에서 "존재는 곧 변화다"[4]라고 한 우산 선생님의 삶에 있어서의 지향점을 본다. 이러한 우산 선생님의 회귀와 반복이 아닌 끊임없이 변화를 모색하는 존재지향적인 열망은 당신의 「신서예론」[5]을 통해서뿐만 아니라 그간 걸어오신 삶의 궤적을 통해 유학자이면서 양명학자, 서예가, 미학자, 비평가, 교육자 그리고 개척자(frontier)로서 다방면에 걸쳐서 일관되게 표출되어 왔다고 할 수 있다.

3) 겸손하되 당당하게

우산 선생님의 여러 가지 진면목 중에서도 특히 돋보이는 것은 "이 시대의 힘은 조직이다"[6]라는 당신의 생각대로 무소의 뿔처럼 거침없이 나아가 다양한 학술단체 및 서예단체를 창립하고 이끌어 온 프론티어로서의 실천적인 활동이라고 생각한다.

이는 "이 세상은 '일을 저지르는 자의 것'이다. 일을 저지르면 어떻게든 마무리하게 되어있다"[7]는 당신의 행동철학을 웅변

4) 송하경, 『현대 한국서단의 비판적 회고』, 서예학연구 제21-2호.

5) 신서예는 새로운 서예론, "새로운 개념 상의 글씨쓰기예술" 또는, "새로운 개념 상의 문자쓰기조형예술"이라는 의미를 내포하고 있다. 신서예는 외견상 구서예..등에 대한 배척을 전제로 하거나, 이것들과 철저히 대립되는 개념이라고 생각할 수도 있겠으나, 동양의 예술적 미관념 · 심미의식에서 보면 신(新)과 구(舊)는 절대대립의 관계이거나 상호극복의 관계가 결코 아니다…상반상생적 의미로서의 대대관계요, 옛것을 기반으로 삼아 갖가지 새로운 양식의 프로그램을 창출 · 운용하여 옛것을 계승 · 완성한다는 의미로서의 적극적 계승 · 발전관계라고 하겠다…(우산 신서예론에서 인용함.)

6) 2013년 9월27일 강의내용 중에서 인용함.

7) 2013년 9월27일 강의내용 중에서 인용함.

하는 일련의 드라마가 만들어진 과정이라고 할 수 있겠다.

"주자학의 가풍을 잇지 아니하고 양명학을 한 것은 개인의 혁명이었다"[8]는 당신의 말마따나 현재를 문제 삼아 새로움을 추구하는 양명학의 지행합일적인 실천을 통해 한국서예협회창립위원회를 결성하고 창립준비위원장을 맡아 한국서예협회를 창립(1989)하는 것을 필두로 해서, 양명학회(1995), 세계비엔날레(1996), 한국서예학회(1998), 동아시아문화포럼(1998), 한국동양예술학회(1999) 등의 발족을 거쳐, 2007년에는 세계 최초로 한국서예비평학회를 창립하기에 이른다.

4) 미학적 비평가

첫 강의시간에 선생님께서 "아름다운 세계를 꿈꾸는 주자학, 양명학 자체가 미학"이라고 하시면서 공중파의 모 광고내용을 인용하여 "'얼음이 녹으면 물이 됩니다'가 '과학'이라면, '얼음이 녹으면 봄이 됩니다'는 '미학'이다"[9]라는 말씀을 하셨는데 참으로 촌철살인적인 비유가 아닐 수 없으며, 이는 유학과 양명학을 두루 섭렵하신 철학적 바탕위에 서예가로서의 미학적 안목이 더해진 우산 선생님에게 독보적인 미학적 비평가로서의 비평이 기대되는 이유이기도 하다.

이번 학기 강의시간에 다루어진 비평문은 '원교圓嶠의 심학미학적 서예본질 인식과 비평정신', '추사秋史의 원교圓嶠 「서결書訣」비평에 대한 비평' '소전素筌 손재형孫在馨의 서예세계', '동강東江 조수호趙守鎬의 접接의 용필미학用筆美學과 속미俗美적 예술

8) 2013년 9월27일 강의내용 중에서 인용함.

9) 2013년 9월6일 강의내용 중에서 인용함.

세계', '서여기인의 미학-양석陽石 김승방金勝芳의 인간과 예술', '현대 한국서단의 비판적 회고', '걸레 중광은 무엇을 남기고 세상을 떠났는가' 등이다.

> "훌륭한 서예비평가가 되기 위해서는 겸손을 제1의 덕목으로 갖추되, ①서예에 대한 예술적 개념과 자기 신념이 확고해야 하며, ②문화의식과 비평의식이 투철해야 하며, ③사관史觀이 뚜렷하고 열린 비평안을 가져야 하며, ④뛰어난 예술적 감각과 섬세한 정감과 숙련된 기능에, 인접 예술과 상호 비교할 수 있는 편견 없는 지식을 갖추어야 하며, ⑤서예문화에 관한 이론적 지식을 폭넓게 갖추어야 하며, ⑥기타 인문학적 소양을 두루 축적하여야 한다. 여기에 더하여 ①독립적 사고로 주체의식의 이론적 강화를 부단히 수행하는 사람, ②돈과 권력에 유혹되지 않고 권력이나 집단의 압력과 간섭에 과감히 대응하면서 시폐時弊를 지적할 수 있는 용기를 갖춘 사람이면 이 보다 더 이상적일 수 없겠다."[10)]

위의 인용문에서 보듯이 우산 선생님이 지향하는 비평가로서의 전형을 알 수 있는 바, 이는 조선시대 추사에서 현대의 중광에 이르기까지 인물뿐만 아니라 한국서단의 문제점까지 총망라하여 시대를 넘나드는 날카로운 문제의식이 투영된 거침 없고 가차 없는 비평문을 통하여 나타나며, 이를 통하여 영락없는 조선조의 꼿꼿하고 강단 있는 선비의 기개를 느낄 수 있다.

5) 교육가

40여 년의 강단생활을 통한 교육활동을 비롯한 제반 여러 가

---

10) 2007년 12월 1일 한국서예비평학회 창간사중에서 인용함.

지 학술단체활동, 서예작품활동 등은 제자들에게 말이 필요 없는 모범을 보여준 것에 다름 아니다. 특히 자료조사 중에 발견한 하나의 경이로운 일이 있는데, 그것은 바로 선생님의 교육이력 중에서 2003년에 박물관, 미술관 정학예사(예술학)자격을 취득한 사실이다.

율곡 선생님이 자경문自警文 11조에서 "用功不緩不急 死而後已 若求速其效 則此亦利心 若不如此 戮辱遺體 便非人子" 즉, 공부를 하는 일은 늦추어서도 안 되고 급하게 해서도 안 되며, 죽은 뒤에야 끝나는 것이다 … 중략 … 라고 하신 바, 과연 '시습時習'을 실천하시는 '영원한 청년' 우산 선생님의 지치지 않는 에너지를 다시금 느낄 수 있는 사례인 바, 참으로 우산 선생님의 제자노릇(?) 하기란 간단치 않다는 생각이 든다.

나가는 말

"여러분이 바라봐주고 있다는 착각 때문에 행복했습니다…"

마지막 수업시간에 하신 말씀이다. 문득 마음이 울컥해지면서 눈시울이 붉어져서 얼른 고개를 숙여야만 했다. 늦게나마 당신의 마지막수업이라도 듣게 되어서 제자 또한 행복했다는 말을 전해드리고 싶다.

"…우리는 만날 때에 떠날 것을 염려하는 것과 같이, 떠날 때에 다시 만날 것을 믿습니다…" 한용운님의 '님의 침묵'의 한 구절처럼 정규학과로서의 강의가 일단락된 것뿐이지 이는 선생님의 또 다른 시작의 첫걸음임을 잘 알고 있으며, 선생님의 지나온 행보만으로도 제자 된 입장에서 '청출어람靑出於藍'이 너무나 요원하게 느껴지지만 선생님의 다음 행보를 두근거리는 마음으로 기대해 보며, 저희들은 여전히 선생님의 줄탁啐啄이 필요한 아기새임을 알려드리고 싶다.

봄의 줄탁啐啄

모과나무 꽃순이 나무껍질을 열고 나오려고
속에서 입술을 옴질옴질거리는 걸 바라보다
봄이 따뜻한 부리로 톡톡 쪼며 지나간다.

봄의 줄탁

금이 간 봉오리마다
좁쌀만한 몸을 내미는 꽃들
앵두나무 자두나무 산벚나무 꽃들 몸을 비틀며
알에서 깨어나는 걸 바라본다.

내일은 부활절

시골 교회 낡은 자주색 지붕 위에 세워진 십자가에
저녁 햇살이 몸을 풀고 앉아 하루 종일
자기가 일한 것을 내려다보고 있다.[11]

---

11) 도종환, 『해인으로 가는 길』 「봄의 줄탁」, 2004, 문학동네.

14

송하경에 대한 비평

-짧은 인연, 예술가를 말하다-

윤여태

비교문화협동 · 석사2기

들어가며 : 인연의 시작

옷깃만 스쳐도 인연이란 말이 있습니다. 불교에서는 이 사소한 인연이 맺어지기 위해선 전생前生에서 그 사람과 무려 3천 번의 인연이 있어야 한다고 말합니다. 저는 이 수업을 듣기 전 선생님을 알지 못했습니다. 그저 미학이란 무엇일까에 대한 궁금증으로 시작해 수업을 듣게 되었고, 그렇게 선생님을 만나 한 학기 동안 귀중한 말씀을 듣게 되었습니다. 생각해 보면 그것 또한 인연이라고 생각합니다.

저는 작년 서울에 오기 전까지 줄곧 전주에서 태어나 살아왔습니다. 전주의 흙과 공기 그리고 전통과 풍경이 절 낳고 키워온 것이지요. 그 전주라는 공간 속에서 제가 제일 좋아하는 풍경 중 하나가 은행나무들이 몇백 년 산 세월을 자랑하며 밀밀하게 서 있는 향교의 앞마당입니다. 벌레를 타지 않는 은행나무처럼 유생들도 건전하게 자라 바른 사람이 되라 심었다던 나무들은 아름드리 기둥만큼 무성한 자리를 자랑합니다. 가을이 되면 은행나무들은 금가루를 날리듯 이파리를 날리고, 마당을 빼곡하게 채운 잎사귀 위를 사붓사붓 걷노라면 사각사각 눈 밟는 소리가 들리곤 했지요. 또한 나무는 기둥 아래 품어 둔 묵은 향을 풍기어 코끝을 알싸하게 만듭니다. 향을 따라 앞마당을 헤집으며 가을의 넋에 취하는 것이 저의 일상 중 하나였습니다. 어쩌면 그 진득한 향이 오롯이 새겨진 본능이 선생님과의 인연을 만들었는지 모르겠다는 생각을 합니다. 그렇게 맺어진 인연 속에서 많은 가르침을 얻게 되었습니다.

이 수업을 듣기 전 소설가로서 활동하고 있는 저로서는 저의 예술에 대해 어떤 심지를 가지고 어떤 방향으로 나아갈 바를 당장 고민으로 떠안고 방황하던 찰나였습니다. 비록 한 학기, 수업 시간에서나 만나는 짧은 인연이었지만 선생님의 글 속에서 또한 선생님께서 들려주신 말 속에서 예술가로서의 선생님을 만나 깊은 울림을 얻었습니다. 때문에 선생님의 글과 말을 통해 예술가로서 선생님에게 느꼈던 감동을 말하려 합니다.

전통과 새로움

첫 시간의 가르침은 단군신화에 관한 것이었습니다. 선생님은 그 글을 시작하며 무엇으로부터 시작해야 할까 잠시 고민하다가 무엇보다 우리 안에 내재된 원류를 다뤄보는 것이 우리 미학의 시작점이 될 것이라고 말하신 바 있습니다.

> "멋과 풍류는 영육의 부대낌을 함께 했던 고향의 느낌과 전설로 살아있고, 그래서 고향은 언제나 한국인의 신화로 존재한다. 고향의 신화는 한국인의 대화와 생활 속의 생생한 언어로 살아숨 쉬며…(중략)…우리 민족은 원초적으로 도가적, 불가적 기질과 유가적 사유의 존재임을 암시하는 것이기도 하다."
>
> – 단군신화에 담긴 미학적 은유 중 –

예술의 속성은 본디 창작하는 것이기 때문에 늘 새로움을 추구해야 한다는 나름의 강박을 가지고 있습니다. 그러기에 더없이 하루를 1시간으로 1시간을 1초의 단위로 다투며 새로운 것들을 쏟아내는 도시는 예술가들에겐 더없이 좋은 장소인지도 모릅니다. 하지만 매연을 뿜어대는 자동차와 거침없이 하늘로 솟구친 빌딩, 그리고 흙을 품지 못한 아스팔트에 의존한 도시에 지칠 때 저는 소박하고 아담한 마을의 골목, 담벼락을 타고 넘나드는 구수한 된장 향, 돌담길에 피어난 작은 들꽃, 굽이치는 골목에 짖어대는 누렁개를 떠올립니다. 곰곰이 생각해 보면 할머니 댁에 오랫동안 맡겨져 살아오며 제 감성의 기저에는 그러한 것들이 깔려 있습니다. 사실 이 시대에 그런 것들은 고루한 것들로 치부되어 폐기처분 되고, 소리 없이 사라지는 것이 아무렇지 않은 사회가 되어 버린 것도 사실입니다. 그러나 선생님은 오랜 것에는 그만큼의 전통과 정신이 살아있다고 하셨습니다.

전주에서 유명한 한옥마을이 생긴 것은 1900년대 초라고 합니다. 그때 일본인들은 서문 밖에서부터 시작하여 점점 성곽 안으로 세력을 뻗치기 시작했고, 이후 전주에서 군산으로 진입하는 소위 '전군가도全群街道'가 생기면서 성곽의 서쪽부가 모두 강제로 철거되었지요. 이에 조선의 가옥들은 점점 총칼 앞에 헐려갔고, 밀려들어오는 자본의 힘 앞에 사라져 가야 했습니다. 하지만 조선의 본향本鄕으로서 자존만은 내줄 수 없었던 전주 사람들은 마지막 저항을 하듯 한 채 두 채 그 땅에 가옥을 세우고 수백 채의 한옥을 지어 지켜냈다고 합니다. 지금은 오롯한 전통보다는 현대적인 감각의 거리로 꾸며지고 상점들이 들어서고 새로운 것들이 덧붙여져 있지만 어쨌든 한옥마을이 한옥마을로서 존재하게끔 만드는 것은 바로 그 정신입니다.

그러나 선생님은 예술이 비단 전통에만 머물기를 원하지 않으셨습니다.

"이 세상에 존재하는 모든 것은 한순간도 변하지 않는 것이 없다. 시간의 흐름은 한순간도 멈추지 않기 때문이다. 이런 의미에서 존재는 곧 변화이다. …(중략)… 존재하는 모든 것은 변화하는 과정 그 자체라고 하겠다. 당연히 서예도 변하며, 오늘의 서예는 어제의 서예와 다를 수밖에 없다."
– 현대 한국 서단의 비판적 회고 중 –

서예는 사실 전통의 예술이라고도 할 수 있습니다. 그러기 때문에 자칫 정체되기 쉬운 측면을 매우 강하게 가지고 있다고 생각합니다. 이러한 속성에 대한 일갈은 비단 서예에만 국한되는 것은 아닙니다. 우리는 변화의 물결 앞에 서 있습니다. 변화에 몸담지 않는 것 또한 어리석은 것입니다. 더구나 예술가들은 변화에 늘 촉각을 곤두세우고, 변화를 읽어내며 그 창조물을 쏟아내야 합니다. 그것은 어쩌면 예술가가 예술가로서 존재하기 위한 숙명인지도 모릅니다.

"한자문화권의 심미의식이나 미감을 뛰어넘어 세계인이 공감할 수 있는 새로운 서예술을 창출하면서도, 동양문화만이 간직하고 있는 신비성과 영성을 담아낼 수 있는 새로운 변화가 시도되어야 한다." – 현대 한국 서단의 비판적 회고 중 –

당연하지만 새기지 않아 온 가르침. 우리의 정신 즉 전통을 잊지 않고 그것을 새로움으로 승화시키는 것이야말로 이 시대 예술가들에 요구되는 덕목이자 정신임을 선생님의 가르침을 통해 새삼 깨닫게 됩니다.

공감하는 개성, 대중 속의 개성

본디 예술은 하나의 기술이었습니다. 예술에 해당하는 'art'의 어원인 'ars'는 '조립하다' 또는 '궁리하다'란 의미를 가지고 있었는데 이는 생활상 어떤 목적을 효과적으로 달성하기 위해 어떤 재료를 가공, 형성하여 객관적인 성과물이나 물건을 만들어내는 활동을 말합니다. 그러나 18세기 이후 감각 표상으로서 예술의 의미가 고찰되고 인식되면서 예술은 단순한 기술의 차원을 넘어서 미적 가치의 실현을 주된 목적으로 삼는 기술 활동으로 변모하게 됩니다. 그리고 이러한 예술 활동은 오늘날 생활 전반 전 영역에 걸쳐 활용되고 있습니다. 때문에 그것을 창작하거나 표현해내는 예술가들의 역할이 주목받고 있는 시기라 할 수 있습니다.

> "서예 활동은 공감하는 개성 또는 대중 속의 개성을 추구하며 나아가야 합니다." – 2013년 9월 27일 강의 중 –

예술가들이 범할 수 있는 오류 중 하나가 자기만족에 빠져 예술 활동을 하기 쉽다는 것입니다. 물론 예술가들에게 자기만의 색채가 필요합니다. 그것은 예술가들이 예술가로서 존재하는 정체성과 직결되는 문제이기도 하니까요. 그러나 그러한 인식은 사실 한 가지 심각한 독선을 품고 있는 것도 사실입니다. 즉 예술가는 생산자이며 감상자는 단순히 수용자라는 이분법적 사고방식이지요. 바로 이 점이 기술자였던 예술의 개념을 대중보다 우위의 위치에 설 수 있게끔 만드는 숨은 힘이었는지도 모릅니다. 하지만 오늘날 대중은 일방적으로 받아들이기만 하는 존재가 아니라, 다양한 의미와 미적 가치를 품고 있는 창작 활동에 함께 참여하는 참여자라고 할 수 있습니다. 이러한 점에서 예술가들은 자기의 예술관을 확립하면서도 그곳에 너무 함몰되어 자칫 그르칠 수 있는 대중을 고려하고, 그들 속에서의 공감하는 개성을 펼쳐 나가야 하지요. 왜냐하면 읽히지 않고, 보이지 않는 예술은 더 이상 예술이라고 말할 수 없으니까요.

스스로 얻는 것 스스로 깨닫는 것

흥미가 있어서 유학이 무엇인지에 대해서 책을 본 적이 있지만 사실 저는 양명학을 잘 모릅니다. 그래서 그것이 추구하는 것이 어떤 것이고 어떤 원리로 말하여지는지 역시 알 수 없습니다. 그렇지만 한 가지 양명학을 다른 말로 심학心學이라고 한다는 사실은 어렴풋하게 알고 있습니다.

> "심학心學이란 다른 것이 아닙니다. 모든 것은 마음에 의해 이루어집니다. 즉 '하나의 세계'에서 이루어지는 동일한 실체를 어떤 마음의 시각에서 어떤 면을 어떻게 바라보느냐에 따라 의미도 달라지고 가치도 달라지는 것입니다."
>
> – 2013년 10월 04일 강의 중 –

선생님은 서예의 정신은 자각적 깨달음과 반성으로부터 시작되는 것이라고 말씀하셨습니다. 글을 쓰다 보면 늘 부딪치는 문제가 소재입니다. 무엇을 써야 할까. 어떤 주제로 글을 이끌어나가야 할까.

어떤 날 이런 일이 있었습니다. 지독한 독감으로 고생하던 한 달 동안 단 하루도 빠짐없이 꼬박 써 내려간 장편 소설이 공모전에서 탈락함은 물론이고 그동안 쓰고 고치기를 반복하며 제법 괜찮은 작품이 되었노라 여긴 일곱 개의 작품이 신춘문예 공모전에서 또다시 모두 떨어지게 되자 마음이 급해졌지요. 그래서 제법 그럴싸한 줄거리를 다급하게 만들어 제게 글을 가르쳐 주신 스승님에게 보여드렸었죠. 줄거리를 훑어보시던 스승님께서 내게 던진 답은 너무나 뜻밖이었습니다. 모자란 부분이 있다면 어떻게 고쳐나가면 되는지를 도움받으려던 나는 그 말을 듣는 순간 아무 말도 할 수 없었습니다. 스승님은 그런 나를 가만히 지켜보며 대답이 나오길 기다리고만 있었지요.

"좀 엉뚱하다고 생각하실지 모르겠지만 전 제 글로 세상이 따뜻해졌으면 좋겠어요."

이윽고 저는 더듬더듬, 물음에 대한 말을 내놓았습니다.

"네가 만약 이 글을 써서 당선이 되고, 책이 베스트셀러가 되었다고 하자. 그럼, 네 바람대로 세상이 따뜻해질 것 같니?"

그 말을 듣자 많은 생각이 오갔습니다. 저는 사람들이 내 글을 보며, 기린처럼 큰 꿈꾸길 바랐고, 나무처럼 그 꿈이 굳건하길 바랐고, 저 드넓은 하늘처럼 늘 푸른 희망을 잃지 않으며 살아가길 바라왔었습니다. 그러면 세상은 조금이라도 더 따뜻한 세상이 될 테니까요.

"그럴 수 있을 것 같은데요."

"그건 어디서 나온 자신감이냐? 여차여차하여 어려운 현실을 맞은 주인공이 기껏 떠난다는 것이 자살여행이니?"

저는 순간 강한 망치로 뒤통수를 얻어맞은 것처럼 머리 안이 하얗게 변했습니다. 작가가 되겠노라 마음먹고 글을 쓰기 위해 배운 것은 사람들에게 편하게 읽히기 위해 좀 더 예쁘게 글을 쓰는 법과 등장하는 캐릭터에 생명력을 불어넣는 것과 제대로 된 묘사를 할 줄 아는 능력이었습니다. 그래서 뭔가 시선을 끌어 잡지 않으면 안 된다는 생각에 '소재의 특이성'만을 생각한 나머지 그만 방향을 잃고, 너무 멀리 와 버린 겁니다.

"그럼 이제 전 뭘 써야 하죠?"

다급한 마음은 다급한 물음이 되어 나왔습니다.

"너 자신."

많은 생각들을 했었고, 여전히 어찌어찌하여 글을 써내고 있긴 하지만 사실 그때 제게 던져 주신 스승님의 답을 아직 찾지 못했습니다. 아니 사실 한 귀로 듣고 한 귀로 흘렸는지 모릅니다. 그런데 뜻밖에 그 말을 다시 선생님에게 듣게 되었습니다.

> "예술은 찾는 것이 아닙니다. 나 자신을 표현하는 것이지요. 그러므로 해답은 나에게 있는 것입니다."
> – 2013년 10월 18일 강의 중 –

글쓰기는 나로부터 나오고 또 그런 나로부터 예술이 된다는 말씀도 하셨지요. 그래서 어떤 예술을 하는 것이 아니라 자신의 예술을 어디에 세우느냐 또 출발점과 종착점을 어디에 둘 것이냐를 끊임없이 고민해야 할 나의 문제라고 하셨습니다.

> "심학은 조형의, 객관의, 자연의 대상을 배제하는 것이 아니라 마주 보며 함께 가는 것입니다." – 2013년 11월 22일 강의 중 –

언제쯤 제가 그 깨달음을 깨우치고 제자신으로부터 나오는 글을 쓰게 될지는 모르겠습니다. 다만, 심학에서 시작된 자기 자신의 깨달음이 나와 객관의 상황들이 유리된 것이 아니라 함께 가는 것이라는 선생님의 말씀은 그 길 앞에 초롱불처럼 저에겐 큰 위안이 되었습니다.

파격과 존재의 경계

첫 수업부터 마지막 수업까지 선생님이 강조했던 생각 중 하나가 바로 파격에 대한 성토였습니다. 성토란 단어가 사실 부정적인 인식을 내포하고 있다면 선생님의 성토는 애정이라고 생각했습니다.

> "외형의 미를 선호하는 시대…(중략)…송곳을 손에 잡고 모래에 선을 긋는 진정한 주체자인 사람을 제쳐놓고 신비와 생명력을 말하는 것은 서예창작 상에서 진정한 창작의 주체자인 서예가를 제쳐놓고, 붓과 종이와의 관계에서 신비와 생명력을 말하는 것과 하등 다를 게 없는 것이다."
>
> – 동강 조수호의 접의 용필미학과 속미적 예술세계 중 –

> "서예는 문자적인 조형양식에 의탁하여 작가의 내적 생명의 율동을 표현해내는 예술이다. 그러므로 서예書藝와 서사書寫는 분명히 구분되어야 한다."
>
> – 서여기인의 미학, 양석 김승방의 인간과 예술 중 –

> "서예의 정체성은 '쓴다'에 있다. 그러므로 가독성을 잃어버리면 서예의 영역을 넘어선다. 만약 이를 넘어서면 문자라고 할지라도 회화의 영역이다." – 2013년 11월 29일 강의 중 –

파격이란 말은 격식을 깨뜨린다는 말로 소위 포스트모더니즘의 시대인 요즘 예술가들엔 그 단어 자체가 미덕입니다. 만약 그 파격이 창조로서 역할을 할 때 그것은 영역간의 교류와 새로운 문화 탄생을 낳는 긍정적인 효과도 있겠으나 반대로 지나침으로 추동될 때에는 그야말로 선정적이고 자극적인 예술로 변모하기 쉽습니다.

사실 존재하는 것은 존재로서의 선이 존재합니다. 만약 존재하는 것이 그 영역을 뛰어넘는다면 그것은 무존재의 영역으로 넘어갑니다. 즉 다시 말해 그것으로의 가치를 상실한다는 의미와 같습니다. 물론 오늘날에는 그것 또한 그것 나름대로의 의미가 있을 것입니다. 하지만 그것은 자칫 선악과 미추의 경계까지 모호하게 만들 우려가 있습니다. 윤리가 우리에게 절대 불변으로 갖추어야 할 진리이듯 예술의 영역 또한 지켜야 할 것들이 있다는 것입니다.

선생님의 가르침은 그래서 바로 이것에 있다고 생각했습니다. 파격을 취하되 존재의 본질을 잊지 말라는.

나가며 : 예술가를 만나다

선생님은 서예를 서書의 도道와 서의 법法을 구체적으로 통일, 실현하는 서의 예藝라고 말씀하셨습니다. 사실 이 글을 쓰기 위해서 선생님을 좀 더 알고 싶어서 인터넷에서 선생님의 글씨를 찾아본 적이 있습니다. 고백컨대, 저는 서예를 잘 모르기 때문에 선생님의 글을 보고도 잘 이해하지 못하는 부분이 있었습니다. 그러나 한 가지 생각난 것이 있습니다. 바로 아버지의 글씨입니다. 평생 빈농의 아들로 태어나 땅에 의지하고 땅과 마주하며 살아온 아버지는 입춘이 되면 "00년 세립歲立 만사형통萬事亨通"이란 글자를 써서 집 대들보에 붙여놓으십니다. 그 전날 저녁 아버지는 목욕재계하시고 그 몇 자를 쓰기 위해 종이에 수백 번 연습을 하신 후 마침내 되었다 싶으실 때 비로소 글을 쓰십니다. 실상 그 몇 글자 때문에 우리 집에 만사형통이 내려지는 것도 아닐 터인데 아버지는 그 일을 한 해도 거르신 적이 없습니다. 그 글자들은 혹 전문가들이 보기엔 못 나고 미운 글자일지도 모르겠습니다. 조형학적으로 따지고 들어가면 정체불명의 서법일 수도 있겠지요. 하지만 아무도 그 글자를 그렇게 말하는 사람은 없을 겁니다. 왜냐하면 가족들이 한 해 동안 무탈하기를 바라는 아버지의 마음이 담겨 있으니까요. 선생님의 글에서도 그런 것이 느껴졌습니다.

> "첫 글씨, 소리, 몸짓이 터지며 한 글자 한 글자 모두 법이 생긴다. 그것이 바로 서예의 이치이다."
>
> – 2013년 11월 15일 강의 중 –

선생님은 오랫동안 지知라는 것 정情이라는 것 의意라는 것이 하나가 된 열린 마음으로 개성과 자유를 표현하는 서예를 써 오신 것으로 압니다. 그래서 그 굳은 심지와 올곧은 힘 그리고 무엇보다 서예를 바라보고 있는 대중을 생각하는 마음이 글자 하나 하나에 혼으로 담겨 있었는지도 모르겠습니다. 때문에 앞으로 저 또한 그 마음을 잊지 않고 예술가의 길을 걸어가려 합니다.

이 글을 마치기 전 먼저 엄연히 기말 과제임에도 그저 편한 문체로 글을 쓴 것에 대해 용서를 구하고 싶습니다. 고민이 있었지만 그래도 한 사람에 대해 바라보는 시선이라면 보다 따뜻해야 한다는 것이 어쩌면 선생님의 가르침에 더 알맞은 것이 아닐까 하고 생각했기 때문입니다.

마지막으로 이 귀중한 수업을 듣게 되어 너무 영광이었으며 감사하다는 말씀을 꼭 하고 싶습니다.

15

송하경에 대한 비평

홍효정

유학 · 석사2기

송하경, 그는 누구인가?

미학이란 글자만 보고 무작정 수강 신청을 했다가, 송하경 교수님(이하 '교수님')을 만났다. 그러기에 나는 일체의 선입관도 없고 부담감도 없었다. 또한 그가 양명학자라는 것도 몰랐다. 게다가 대학에서의 마지막 강의라는 말을 듣고 적잖이 놀랐다. 수업 듣는 학생들의 분위기는 긴 세월 함께 해 온 가족과 같은 분위기였으며, 그의 강의내용을 전부 다 무조건 수용할 태세였다. 나의 첫 수업은 약간은 이방인의 느낌으로 시작되었고, 도대체 이 수업은 어떤 성격을 가지고 있는지, 또 어떠한 방향으로 진행될 것인지에 대해 궁금증을 자아내기에 충분했다. 아직 유학의 입문 초기여서 들어보지도 못했던 양명학까지 맛보는 계기가 되었으며, '양명학이란 또 무엇인가'라는 생각과, 그의 수업 전반적인 분위기가 양명학적 수업이 아닌가 하는 생각도 해보았다.

〈원교의 심학미학적 서예본질 인식과 비평정신〉에 대한 비평

양명학이란 무엇인가? 본문에 인용된 양명학의 핵심이 요약된 내용을 옮겨보자.

> "대저, 학문은 마음에서 터득하는 것이 가장 소중하다. 마음에서 학문을 추구하여 그르다면, 비록 그 말이 공자로부터 나온 것일지라도 감히 옳다고 할 수 없다. 하물며 그 말이 공자보다도 못한 사람으로부터 나온 것이라면 더 말할 나위 있겠는가. 마음에서 학문을 추구하여 옳다면, 비록 그 말이 일반 서민들로부터 나왔다 할지라도 감히 그르다고 할 수 없다. 하물며 그 말

이 공자로부터 나온 것이라면 더 말할 나위 있겠는가 (중략) 무릇 도란 세상 사람 모든 이의 도이며, 학문이란 세상 사람 모든 이의 학문이다. 주자 한 사람만이 독점하여 사유화할 것도 아니요, 공자 한 사람만이 독점하여 사유화할 것도 아니다. 세상 사람 모두의 것이요, 세상 사람 모두가 논해야 할 것이다."

양명은 기존 주자 중심의 유학에 대한 비판으로부터 시작이 되는 것 같다. 즉 18세기에 들어서면서 본문의 내용에서 언급했듯이, "①기존의 주자 성리학에 대한 회의 · 반성 · 거부 활동이 일어나면서… 모든 학문이 구체적인 실생활과 접목되어야 한다는 실학적 요구와 그 전개로 반영된다. ②… 전통 주자 성리학이 견지하고 있는 모든 준거와 규범에 대해 비판하고 거부하고, 그로부터 벗어나려는 풍조가 조장되었다. ③이러한 문학 · 회화 · 음악 등 예술사조 역시 변화의 물결과 함께 했으며, 서예 또한 왕희지를 반성적 전형으로 삼아 개성과 생명력이 약동하는 한국적 서풍을 창출한다." 등이다.

이러한 양명학적 비판정신 · 창조정신은 원교를 통해, 서예를 '살아있는 것', '새로운 것'으로 규정하며, 언제나 새로운 예술미를 주체적 개성으로 추구하고 구현하여 나갔다고 한다. 이러한 견해는 사실상 교수님의 서예, 문학, 예술에 대한 입장으로 원교를 통해 간접 표현한 것이다. 그의 정신이 양명학에 기반을 두고 있고, 원교와 함께 정신을 함께 하기에 원교를 통해서 본인의 서예관을 펼치고자 하였다. 즉, 원교의 서예관, 예술관은 송하경의 서예관, 예술관이고, 또한 인생관이 되었을 것이다.

"원교가 생각하는 최고 최선의 예술은 심미주체의 영명한 천기가 남김없이 발현되어 개성이 충만한 예술을 말한다." "18세기 이전의 조선조 미학사상과 18세기 이후 미학사상의 차이는 이들 전환의 내용을 기준으로 결정될 수 있겠다." 또한 "학문은 마음으로 터득하고 몸으로 실천하며 정밀하게 변별하고 선택하는 것이 가장 소중하다. 지금까지의 나의 논저에서 내 생각과 맞는 것이면 송 · 원시대의 서론일지라도 선택하고, 왕희지가 말한 것일지라도 감히 신뢰하지 않는다."는 원교의 비평정신은 근거와 기준을 자각적 주체심에 세우고 있다. 이것이 양명학적인 정신인 것 같다. 이것은 조선시대의 원교에서 송하경으로 이어지는 사상적 내용이라 이해할 수 있다.

이러한 원교와 송하경의 사상적 기조는 기존의 이데올로기를 벗어나서, 순수함을 찾고자 하는 것 같다. 이러한 서예와 예술에 대한 사상적인 생각은 일상생활에까지 이어져 송하경의 삶과 일상생활에 투영되어있는 것이다. 처음에는 손자를 돌보는 할아버지 같은 마음이 느껴졌다. 말 하나하나가 배려하는 마음에서 이루어지고 말 한마디를 하더라도 숙고하여 던진다. 또한 학생들이 준비한 음료와 간식은 배가 부름에도 불구하고 최선을 다해 먹어주려는 배려의 마음이 느껴진다. 때로는 음료가 3잔을 넘어서면 안쓰러움이 느껴질 때도 있다. 학생들이 음식을 준다 해도 그것을 최선을 다해 먹는 것이 그리 쉬운 일은 아닐 것이다. 또 그의 논문을 하나하나 읽어가면서 느낀 점은, 그가 시대 상황마다 기존의 권력과 폐단에 맞서는 비판 정신을 잃지 않은 것을 보면서, 칼날처럼 예리하고 확고한 그의 정신을 읽을 수가 있다. 그는 부드러워야 할 곳에서는 부드럽고, 강해야 할 곳에서는 강할 줄 아는 학자였다.

〈동강 조수호의 접接의 용필미학과 속미적 예술세계〉와 〈걸레 중광은 무엇을 남기고 세상을 떠났는가〉에 관한 비평

두 논문의 내용이 비슷한 맥락이 있어, 함께 묶어서 비평을 하고자 한다. 먼저 동강은 이 시대 서예계의 권력자요, 많은 추종자를 가지고 있는 세력가인 듯 하다. 그런 이를 비판한다는 것은 실로 어려운 일이다. 그럼에도 교수님이 비판의 목소리를 높인 것은, 시대의 사명감에서 비롯되었다 생각한다. 비리와 많은 문제점을 묵과할 수 없었을 것이며, 또한 교수님이 아니면 누가 하겠느냐는 사명감에서 용기를 가지고 글을 썼을 것이다. 사실 같은 분야의 계통에서 누군가를 강하게 비평하면 그는 아마 관계성에서 멀어지는 사람이 될지도 모른다. 많은 비난과 반대와 음해의 대상이 되기 십상이기 때문이다. 그러나 송하경은 그러한 것에 전혀 개의치 않는 인물임에 분명하다.

게다가 동강이 서예를 하나의 남녀 간의 애정행위로 비유하는 부분에서는 그의 심기를 매우 불편하게 했을 것이다. 그의 심기를 불편하게 했을 동강의 글을 인용해 보자.

> "위에서 언급한 접의 신비와 생명력을 질삽과 관계지어 비유한다면 획사에서 저항을 만나는데 저항의 강도에 따라 삽을 느끼고, 이를 극복하기 위한 힘이 뒤따라야 한다. 용필의 진미는 삽의 체득에 있다. 경하거나 부활하지 않고 건실하고 정묘하고 힘 있는 필획은 삽에서 비롯된다. 고인들의 용필론의 핵심 또한 질삽으로 요약되고, 삽의 체득을 강조하고 있다. 아무런 저항 없이 힘들지 않고 이루어지는 필획은 흥취도 맛도 없는 무미한 필획이다. 가령 두부에 못을 박는다든지 무에 못을 박는 경우 무슨 멋을 느끼겠는가. 못을 박는 멋이 있다면 콘크리트 벽

에 박을 때 느끼는 그 저항이 아니겠는가."

물론 남녀 간의 사랑은 아름다운 것이며, 또한 얼마든지 아름다운 예술로 거듭날 수 있다. 하지만 동강의 비유는 그런 남녀의 아름다운 사랑이 느껴지는 것이 아니라, 정상적이지 않은 강제적인 남녀의 관계나 질펀하고 농염한 성적비유만이 느껴지기 때문이다. 교수님은 특히나 성욕의 발산으로서 예술을 도구로 활용하는 이들을 규탄한다. "추획사錐畫沙, 인인니印印泥" "용필은 마치 송곳으로 모래를 긋듯 장봉으로 획을 그어야 경박하지 않고 침착하게 이루어진다는 것을 깨달았다"는 고전의 멋진 글을 마치 성행위와 비교를 했으니 무척이나 속상했을 것이다. 이러한 성 도취형에 대한 비판은 동강에 대한 비평 뿐 아니라, 걸레 중광에서도 나타난다.

중광에 대해서 평한 교수님의 내용을 보면,

> "어린 시절부터 중광의 영원한 신앙의 대상은 그의 어머니의 젖가슴이며, 동시에 어머니와 동류인 모든 여성이었다. 중광에게서의 여자는 곧 그의 모든 삶이요, 그의 현실적 실존 그 자체였다. 여자와 수많은 관계도 가져 봤다. 사랑의 관계, 악마의 관계도 이루어 봤다. 여자로 인해 인내도 하고, 눈물도 흘리고, 고통도 겪어보고, 많은 인연도 엮어 보고, 강도짓도 해보고, 강간도 해보고, 살인도 해봤을 것이라는 상상을 해본다. 중광의 인생에서 여자는 여자였으면 됐지, 미추도, 노소도, 학력도 상관없었을 것이라는 상상도 해본다."

교수님은 중광을 약간의 성도착증 환자쯤으로 상상해 보고 있다. 나 또한 동강이나 중광 두 경우 모두 정상적인 남녀 간의 사랑을 추구하는 것이 아니라, 성에 있어서는 약간은 비정상적인 성에 집착하는 정신적인 미숙아라는 생각이 든다.

교수님은 동강에게서는 서예의 기본에서부터 부족한 실력을 탓하면서도, 중광에게는 또한 많은 찬사도 아끼지 않았다. 중광의 서예실력은 인정하지 않으면서도 그의 시는 무척이나 마음에 들어 했다. 나 또한 중광의 서예작품들은 그냥 낙서하는 듯한 인상이었다. 하지만 그의 시도 멋있겠지만 솔직히 그의 도자작품과 일부 그림은 참으로 마음에 들었다. 단순함의 극치와 예술성이 그의 작품에서 함께 느껴졌다. 교수님 또한 마지막에서는 동강과는 달리 중광에게 칭찬을 글을 남긴다. "그 충천하는 성적 충동을 불꽃처럼 발산하고자 했던 중광적인 대자유와 그 열정이, 그리고 그런 성적 충동 속에서도 진리 인식에 대한 자각적 경계를 '달마'로 표현하고자 했던 심흉과 혜안이 너무나 존경스러웠다." 라는 그의 말을 보면 역시 교수님은 시대의 억압을 뛰어넘는 자유정신, 그리고 창의정신은 중광에게서 무척이나 부러웠나보다. 아닌 건 아니라고 강력하게 주장하면서도 또한 무조건적인 비판이 아니라, 좋은 건 좋게 평할 수 있는 자유로운 비판정신이 살아 있는 듯하다.

〈서여기인의 미학-양석 김승방의 인간과 예술〉에 대한 비평

양석은 교수님과 무척이나 가까운 사이였던 것 같다. 그를 얼마나 좋아했는지 그의 글에서 여실히 드러난다.

> "양석은 산에 가면 어디서나 볼 수 있는 이끼 낀 돌맹이요, 고향의 흙내음이 물씬한 글 읽는 농사꾼이다. 진흙 속의 연화요,

심산유곡의 난향이다. 허상의 권위와 허구의 위압집단으로 간가된 오늘의 서단 풍토 속에서 가식 없는 자연, 소박, 진실의 실상을 양석으로부터 음미하여 본다. 나는 감히 양석을 가리켜 노자의 소위 「박」이요, 산에서 갓 캐어낸 「박옥」이라 일컫는다. 박과 박옥은 완성품이 아니요, 인공이 전혀 가해지지 아니한 미완된 가능태의 집합체다. 그것은 예쁘고 깜찍하고 날씬하고 매끄럽고 자세하고 화려하고 완숙하게 다듬어진 세련미는 없다. 그저 투박하고 소탈하고 무뚝뚝하고 촌스럽고 자연스럽고 꾸밈없는 미숙한 고졸미가 있다."

위의 글에서처럼 양석을 무척이나 좋아하고 엄청나게 칭찬하고 있다. 또한 그의 작품을 평가한 내용을 보면,

"금번 나는 양석의 작품 속에서 그의 삶과 마음의 리듬, 그리고 그 빛깔과 이미지를 금방 포착할 수 있다. 그가 쓰고 그린 한문구 · 한글구, 혹은 새 · 난초 그림의 그 어디에도 억지스런 마음을 머물러 놓았거나 의식을 잔류시킨 곳이 없다. 단지 마음과 붓이 하나되어 행필의 완급이 자연의 음악적 리듬을 타고 자유롭게 쓰여졌을 뿐이다. 행간의 광협이나 자형의 대소나 서체의 유형에 아랑곳없다. 넓으면 넓은대로 바람이 소통해서 좋고, 좁으면 좁은대로 아늑해서 좋다. 크면 큰대로 여유 있어 좋고, 작으면 작은대로 암팡져서 좋다. 비뚤어지면 비뚤어진대로 멋이 있어 좋고, 바르면 바른대로 정직해서 좋다. 전법이든, 예법이든, 해법이든, 행법이든, 초법이든 서로가 어우러지고 조화로와서 좋다. 그 무엇에도 매임 없이 붓이 가면 뜻이 바르고, 뜻이 가면 붓이 따른다. 양석의 서예는 해학스러워 좋다. 어린이가 쓰고 그렸는가 하면 대단히 매서운 지적 통찰력이 깃들어 있고, 어른이 쓰고 그렸는가 하면 너무도 꾸밈없는 치기가 서려 있다. 서풍을 고법에서 찾고자 하니 너무나 현대적이요, 금법에

서 찾고자 하니 지극히 고졸하다. 전통과 현대가 공존하고, 원시와 문명이 혼재하며, 인위와 자연이 융합하고, 정감과 이지가 하나로 있다. 인생과 예술에 대한 고뇌가 깊숙이 숨겨진 채 항상 즐거운 낭만성과 소박한 자연성과 불가사의한 유현성으로 가득 차 있다. 이들 경향성은 모두 양석의 생래적인 낙천성 · 소박성 · 진실성으로부터 비롯된 것이다."

라는 내용에서도 양석을 극찬하고 있다. 사실 나는 교수님의 논문에서 양석의 작품을 보면서 별로 감흥을 느끼지 못했다. 그렇게 뛰어나다고 또 고졸미가 느껴지지도 않았다. 그저 비슷한 패턴의 반복으로 변화나 다양한 흐름을 전혀 느끼지 못했다. 그저 교수님의 양석 형을 좋아하는 마음만이 가득 느껴졌다. 그리고 양석 형은 좋겠다는 생각이 들었다. 이렇게 멋진 글을 선물 받았으니 이보다 더 기쁜 일이 어디 있겠는가? 양석 형은 알고 있는가? 이렇게 멋진 찬사의 글을 받기가 어렵다는 것을, 하여간 이 논문을 읽으면서 교수님의 글 솜씨가 무척이나 좋다는 생각이 들었다. 또한 그의 글 솜씨가 무척이나 부러웠다.

〈우산 신서예론〉에 대한 소고

우산 송하경의 정신을 한마디로 요약한다면 아마도 '신서예론'이 아닐까 한다. 그의 예술의 철학적 기반이며, 또한 양명학 정신의 발로이며, 그의 평생 동안 일관된 서예의 정신이 아니었을까 하는 생각이 든다. 항상 고정관념으로부터 탈피와 기존 이데올로기와의 전쟁, 개성있는 창의성을 추구했던 그에게는 언제나 신서예론이 따라다녔을 것이다.

그가 부친에게서 전수받은 '구체신용舊體新用'은 아무리 개성미와 창의성을 주장한다고 해도, 기본 뿌리는 전통에 기반을 두고 있는 예술관을 추구하고 있다. 하지만 교수님은 구舊와 신新 중에서는 신新에 더 비중을 두고 있을 뿐이다. 시대가 바뀌면 변화해야 한다는 것이다. 삶도 도구와 수단이 새로워지듯이 서예 또한 그러해야 한다고 교수님은 주장한다.

시대의 변화 물결의 아이콘으로 교수님은 '포스트모더니즘'을 이야기하고 있다. 교수님은 '오늘의 시대는 포스트모더니즘의 시대이고, 또한 서예문화 또한 이러한 포스트모더니즘 사조의 영향과 경향으로부터 결코 독립될 수 없는 일이다.'라고 주장하고 있다. 그가 이야기하는 포스트모더니즘을 요약해 보면,

> "①포스트모더니즘에서는 메타설화를 부정하고 선과 악 · 미와 추 등과 같은 가치문제에서 그 경계를 타파하고자 한다. 이들 가치문제에서의 경계 구분은 한낱 작가나 개인이 가지는 입장이나 관점의 차이에서 비롯되는 것일 뿐, 그 본래는 경계도 구분도 없다고 생각하기 때문이다. 서예세계도 마찬가지이다. 창작하는 것은 한 서예가의 주관적 개성적인 문제에 속하며, 그 작품을 취사선택하는 것은 향수자나 감상자의 개인적 관점과 결정에 달려 있을 뿐이다. ②포스트모더니즘에서는 과거의 권위와 중심을 부정하고 장르와 장르간의 엄격한 구분을 무너뜨리고자 한다. 서예문화의 경우 포스트모더니즘에서는 오로지 서예만이 있을 뿐, 전통서예니 현대서예니 하는 따위의 구분은 없게 된다. 서예가 반드시 종이 · 붓 · 먹 · 벼루 등 문방사보에 의해서만 창작되어야할 이유도 없으며, 펜으로든 칼로든 문자를 써서 확실한 문자예술을 창출하면 곧 서예일 수 있다. 서예의 정체성을 상실하지 않는 한에서 반드시 기존의 서체를 따라

야 할 이유도 없고, 무의식적으로 고정관념을 답습해야할 이유도 없다. ③포스트모더니즘에서는 삶의 실체에 대한 객관적인 모방과 재현을 거부하고, 순전히 작가의 상상력만으로 창작하고자 한다. 그러므로 과거의 서예문화 현상에서처럼 하나님의 말씀을 되뇌이듯 소위 법첩만을 그대로 임하거나 모방한다든지, 스승이 써준 체본을 그대로 닮아보고자 밤낮으로 베껴내는 일을 부질없는 것으로 치부한다. ④포스트모더니즘에서는 각종의 문화형식에서 다양한 의미를 찾거나 부여하며, 그 문화현상에 대해 결코 단정적 결론을 내리지 않고 누구나의 각자 스스로가 이끌어내도록 열린 결말의 문호를 개방한다. ⑤포스트모더니즘에서는 문화의 복수성, 즉 문화상대주의의 입장을 견지하고 각종 문화가 가지는 그들 사고와 방식을 인정한다. 그러므로 우리 한국의 서예문화는 물론 중국의 서예문화 · 일본의 서예문화가 갖고 있는 그 보편성과 특수성을 모두 동등하게 인정하며, 그들을 배척한다거나, 특별히 흠모하지도 않는다. ⑥포스트모더니즘에서는 어떤 텍스트에 접할 때 그로부터 객관적인 어떤 절대진리를 발견하고 또 그에 의존하려 하지 아니한다. 서예를 공부하는 사람들은 전 · 예 · 해 · 행 · 초를 소위 5체라 하여 그것이 하늘로부터 주어진 것처럼 받아들이고, 그들 서체의 대표적인 전범들을 법첩이라 말하면서 그 속에 서예와 서예가가 되는 모든 길이 간직되어 있는 양 떠받들어 오고 있다. … 이제는 그들 법첩 · 법서들을 답습하기보다는, 그것을 하나하나 해체하여 그것들의 잘못과 모순과 저해요소들을 들추어내고 타파하는 작업이 요구될 수 있다는 생각을 가져본다. ⑦포스트모더니즘에서는 모든 문화행위를 하나의 유희로 생각한다. … 이렇듯 포스트모더니즘의 세계에서는 모든 것이 자유롭고 일상적이고 개성적이고 가볍고 유희적이어서 부담 없는 예술문화의 자유로운 창작과 발전을 도모해낼 수 있다."

위의 내용에서처럼 교수님은 포스트모더니즘 시대에서의 서예의 변화를 이야기하고 있다. 하지만 서예는 그림과 다르므로 활자로서의 가독성만큼은 누누이 강조하고 있다. 그렇지 않으면 그것은 서예가 아니라 그림이 되기 때문이다.

그가 이야기하는 서예란 무엇인가의 개념을 살펴보면,

> "서예는 서예다. 서예는 서의 도와 서의 법을 구체적으로 통일 · 실현하는 서의 예다. 서예는 시각 중심적 조형활동의 가장 기저가 되는 공간형식을 배경 삼아, 지 · 정 · 의가 일체화된 열린마음으로서의 순수주관본체심이 서사도구와 서도 · 서법과의 합일로 이루어내는 문자쓰기행위 과정에 순간순간의 일회성적 시간형식을 개입시켜 당장의 자기진정의 개성과 자유를 표현하는 문자쓰기조형예술이다."

> "나의 모든 서예의 파생개념은 위와 같은 서예개념의 정의로부터 비롯된다고 말하겠다. 서예는 순수주관심의 자유로운 문자쓰기조형활동이며, 유한한 문자의 결구형식 속에 무한한 초월정신을 담아내는 종합예술로서, 그 절대적 전형은 자기진정의 개성과 자유에 있다 하겠다."

에서처럼 교수님의 신서예에 관한 기본적인 철학을 잘 볼 수 있다. 즉 그는 변화와 개성과 창의성을 요구하면서도, 문자의 가독성, 그리고 일회성을 서예라는 개념의 기본요소로 삼고 있다. 이러한 가독성과 일회성을 기본으로 하고 나머지에 대해서는 자유롭게 창의력을 발휘하자는 것이다. 서예의 진정한 개성과 자유를 그는 오늘날의 21세기에서 부르짖고 있다.

수업을 마치며

한 학기 수업을 들으면서, 나는 그의 용기와 변화의 정신이 부러웠다. 전통이 좋지만, 답습만 한다면 절대 성장할 수 없을 것이다. 하지만 서예도 서예 자체만의 매력이 있기에 그 매력을 더욱 성장시키는 방향에서 변화해 나가야 한다. 다른 것과 구분되는 독창적인 예술분야의 매력이 사라져서는 안 될 것이기 때문이다. '서예란 무엇인가'라는 교수님의 말에 하나 더 덧붙이고 싶다면 나는 먹을 이야기하고 싶다. 글자를 먹이 아니라 물감으로 또 페인트로 그린다면 그것은 가독성과 일회성이 있더라도 서예만의 매력은 전혀 느껴질 것 같지가 않다. 그래서 나는 서예의 기본인 붓과 먹 같은 도구적인 면에서는 놓고 싶지 않은 마음이 있다.

송하경의 미학수업을 들으면서 참으로 부러웠다. 그의 인생이 나름 굴곡은 있었겠지만 그를 사랑하고 함께 하는 이들이 언제나 옆에 있을 거라 생각이 든다. 마지막 강의를 제자들과 의미 있는 시간을 보내고, 또한 가슴 따뜻한 사랑을 받는 그가 너무 부러웠다. 나도 언젠가는 인생의 후반전은 그러한 분들과 함께할 수 있다면 참으로 좋겠다는 생각을 해본다. 세상에 끊임없이 관심을 두고 사랑하는 그가 참으로 존경스럽다. 그리고 어린아이와 같은 순수한 미소를 짓는 그가 참으로 부럽다.

16

우산 송하경의 서예술관 탐색

정복동
철학박사

서론

우산友山 송하경宋河璟 선생(이하 '우산 선생'이라 칭함)과의 만남은 1989년 예술의전당 전문가과정 이론반의 『장자』 수업에 참여한 인연에서 비롯되었다. 우산 선생의 사상은 필자가 한글서예학 박사과정을 마치고 학위를 취득하기까지의 철학적, 미학적 바탕이 되었다고 하겠다.

우산 선생은 양명 심학의 입장에서 '서예는 심상예술이다.'[1] 라고 정의한다. 이는 동진 시대의 서성書聖으로 일컬어지는 왕희지王羲之(321-379 또는 303-361)나 조선시대의 서예를 최고의 수준으로 꽃피운 추사秋史 김정희金正喜(1786-1856)와 동국진체의 핵심인물인 원교圓嶠 이광사李匡師(1705-1777), 또 이용후생의 정신으로 실학의 중심인물이었던 다산茶山 정약용丁若鏞(1762-1836) 등의 예술관과 마찬가지로 철학을 기반으로 논의한 것이어서, 이를 조명하기 위해서는 그의 철학 사상에 대한 이해가 최우선이다.

공자는 "군자불기君子不器"를 강조한다. '군자란 일정한 그릇처럼 한정되지 않은 능력과 인격의 소유자로서 세상과 시대를 아름답게 이끌어 갈 수 있는 훌륭한 사람'을 말한다. 이런 면에서 말한다면 한마디로 우산 선생은 '불기不器'를 지향하는 철학자이자 예술가라고 할 수 있다. 이는 결코 우산 선생을 과장하여 표

---

1) 송하경 지음, 『서예미학과 신서예정신』, 도서출판 다운샘, 2003, 54쪽. 심상(心象)예술로서의 서예는 "동양의 사유와 문화의 원초적 창조실존형식이라 할 수 있는 음양 · 유무 · 흑백 · 허실 등 상반적인 모순대대요소의 조화 · 통일을 통해 내적 생명의 미적 존재차원을 표현해 내는 일종의 심상예술 · 의상예술이면서, 이들 조화 · 통일이요, 필연과 우연의 조화 · 통일이요, 자유와 절제의 조화 · 통일이라는 점에서 화미(和美) 또는 조화미의 예술"이라고 하였다. 그러므로 서예가는 서예형식을 통해 자아를 실현하기도 하고, 때로는 상상력의 격발에서 활성화되는 환상의 세계를 통해 해탈에 이르기도 하고, 때로는 환상의 끝없는 확대를 통해 불합리한 현실을 부정하기도 하고, 때로는 있는 그대로의 현실을 달관해 내기도 한다.

현한 미사여구가 아니라 필자의 견식이 군자의 무한한 그릇을 헤아릴 수 있는 역량을 갖추지 못하였음을 빗대어 말한 것이다.

나는 미학의 핵심은 원형을 소중히 하는 예술관에 담고 있다고 생각한다. 그러므로 한 작가의 예술관을 조명하는 것은 미학의 핵심을 찾아가는 길이기도 하다. 비록 관견에 지나지 않으나 우산 선생의 '원형적 서예술관'을 조명해 보고자 한다.

주체존성存性의 가치관

사람은 누구나 각자의 이름이 있다. 서예인은 자신의 의지 표현이나 자기가 좋아하는 '별호'가 있다. 송하경의 아호는 '우산友山'이다. '우산'이란 '산을 벗한다'는 뜻이다. 공자가 '요산요수樂山樂水'라 하여 '인자仁者는 산을 좋아하고', '지자智者는 물을 좋아한다'라고 하였다. 천착하는 것이기는 하나 별호의 의미를 엿보면 '우산'은 '인자仁者를 좋아하고 인자仁者를 벗으로 삼겠다'는 의지의 표현이기도 하다. '인仁'이란 인간이 지키고 발현해야 하는 본마음이나, 이를 현실에서 구체적으로 실현하는 것은 덕德의 축적으로 가능하다. 그래서인지 우산 선생은 제자들을 일컬을 때 '동학同學', '동행同行'의 표현을 즐겨 쓰고 있다. 우산 선생이 성균관대학교 유학대학원 서예학전공 동문이 주최하는 작품전의 명칭을 '성유동행전成儒同行展'으로 제호한 것이 한 예이다.

모든 사람이 '함께하는 세계', 즉 이 시대를 함께 걷고, 같은 목표를 지향하며, 학문을 연구하는 자를 제자가 아닌 벗으로 생각하려는 마음의 표현이다. 이는 제자의 입장에서는 지나친 겸손이라 보이면서도 '더불어', '동행'의 정신이 주는 의미를 깊이 생각하면 우산 선생의 진심은 상대의 주체를 존성하려는 마음으로 받아들여진다.

우산 선생은 '한국미의 특수성'을 설명하면서 '만물 하나하나는 보편성을 추구하고 간직하면서도, 동시에 각자의 개별성을 추구하고 간직하며 발휘하는 것'이라고 강조하였다. 이 또한 '동행', '동학'의 의미를 확대한 것으로, 개체·개인 나아가 국가·단체를 인온絪縕하려는 사고의 발양인 것이다.

『역易』에서는 인간이 살아가는 데 있어서 삶의 최고 이상 경지를 '겸사謙辭'라 하였다. 〈이괘履卦〉에서 겸謙이란 '덕지병德之柄'이라 하여 '하늘의 양과 땅에 있는 연못의 음이 제자리를 잡은 것을 놓지 않는 것이 덕德이라'고 하였다. 덕이란 분수를 정해서 넘나들지 않도록 하고 바꾸지 않는 것이다. 즉, 태어날 때 천명을 부여받은 것을 이 세상에서 구현하는 것이지 남과 동화되어서는 아니 되는 것이다. 덕은 곧 주체를 알고 분수를 지켜나가는 것이다. 그러므로 '겸'은 덕이 기초가 되고 자기 확신을 가져야만이 겸손하게 되는 것이다. 이러한 의미에서 보면 우산 선생의 '겸사'는 '자기를 낮추고 남을 높이며, 상대를 존경하는 인간의 최고 이상 경지'를 실현하려는 의지이기도 하다.

이것은 단순히 사람 사이의 관계에서 비롯되는 것이 아니라 우주의 관계에서도 하늘을 높이고 사람을 낮추는 이치를 알아서 예禮를 통해 실현하는 것이다. 이는 그가 양명학자이면서도 근래에 드물게 부모의 삼년상을 예로써 치른 것에서도 알 수 있는데, 이것은 우산 선생이 겸손을 지향하는 삶의 가치관에서 덕을 몸소 실천한 것이라고 할 수 있다.

원형을 중시하는 예술관

우산 선생은 '한국서예의 미학적 정체성(서예에서 본 한국 미론)'의 서설에서 '신화에 대한 원형론'으로 도언導言하고 있다. 미학의 '정체성'에 대한 해석에서 선생의 예술관을 확인할 수 있는데, '정체성'이란 '본디모습[正體], 본래성本來性 또는 본래부터 가지고 있는 바른 모습이나 성향, 또는 변화하기 이전의 본디 모습' 등으로 해석하여 동일성 내지는 동질성의 의미로 제시하고 있다. 그래서 각국의 신화야말로 '무수한 상념들의 선형성(preformation)'으로 규정하고 한국의 서예미를 원형론의 가설 위에서 논하고 있다. 신화학자 행크만은 다음과 같이 말한다.

> 신화란 사회가 주는 집단적 꿈이 모든 문화의 초기 단계에 이루어진 이야기와 형상의 근원에는 언제나 신화가 숨어있음을 발견할 수 있으며, 또한 신화의 내면을 들여다보면 그들 신화는 세계와 인간의 존재의미와 목표를 상징적으로 표현하고, 집단적 경험의 의미를 실현하고 재생하기 위한 방향과 소망의 모델이 제시되고 있음을 보게 된다고 말한다. 그러기에 문학을 비롯한 예술은 애초부터 신화의 형상형식과 결부되고 있을 뿐만 아니라, 시간의 흐름과 함께 이지러지고 고갈되어 버린 전통문화의 본래적 사유와 정신 양태를 잘 간직하고 전승시켜주는 담지체擔持體로서 새로운 문화 창조의 오랜 원천이 되어주기도 한다고 말한다.[2]

동아시아, 특히 유가에서는 천관天觀이 곧 세계관 또는 우주

2) 행크만/로러 엮음 · 김진수 옮김, 『미학사전』, 예경, 1993, 188-189쪽 참조.

관이다. 그래서 우산 선생은 '천天을 무한공간의 세계이든 유한공간의 세계이든, 그 세계 안에 존재하는 모든 것들의 관계 위에서 파악하고 설명하고 있다. 그들 세계 안에 존재하는 만물 하나하나는 그 누구의 명령이나 목적 등에 의해 존재하는 것이 아니라 그것들 스스로가 자기 원인, 자기 성명性命에 의해 독립적으로 존재하는 것이지만, 그러나 그들의 상호관계 사이에는 눈으로 보이지 않는 생명의 일기一氣 흐름으로 연계, 소통되고 있는 유기적 공생체, 또는 만물생명의 유기적 총화세계라고 하겠다.'고 하였다. 그러므로 주역의 8괘가 문자의 원형이며[3], 서예미의 내원으로 보았고, 창힐이 문자를 만든 원리를[4] 인문학의 기초로 보았으며, 동양의 천관과 '문자(서예) 선획線劃의 부호적 추상요소'와 연계하고 있다.

> 문자를 비롯한 모든 문화 창조와 의식활동경계는 천인교감활동의 과정이자 결과이다. 바꾸어 말하면 천인교감활동은 천인합일활동이며, 천인교감활동의 과정과 결과는 천인합일활동의 과정이자 결과라고 하겠다. 서예미학적 천인합일의 정신과 그리고 천인합일의 활동 및 결과를 발견하게 된다. 뿐만 아니라 '시변교역時變交易', '고금각역古今各易'을 통해서 시대의 변화리듬의 규율에 따라 변화해야 한다는 문화의 시대정신을 발견하게 된다.

이처럼 유가의 인문학에서는 세계의 보편성이자 개별성, 통

---

3) "仰則觀象於天, 俯則觀法於地, 觀鳥獸之文, 與地之宜, 近取諸身, 遠取諸物, 於是始作八卦"(周易 · 繫辭下)

4) "頡首四目 通于神明 仰观奎星圆曲之势, 俯察龟纹鸟迹之象, 博采众美, 合而为字"(張懷瓘 · 书断上)

일성이자 차별성, 창조성이자 연속성이 모든 인간의 개별생명 그 자체 속에 무한 능력으로 내재되어 있다고 보고 있다. 그리하여 인간의 본성은 단순한 이성만도 또는 감성만도 아닌, 이성과 감성이 하나로 합일된 영명성 그 자체로서 심물합일, 주객합일, 천인합일의 주체적 실현자로 본다. 선생이 서예미의 원형을 이끌어 오는 '천관'은 유가 인문학의 기초가 된다. 여기서 말하는 천관은 태극을 의미하고 있다. 태극을 『역』에 비추어보면 "변화하는 세계에는 태극이라는 궁극적 본체가 있으며, 태극은 음과 양으로 활동(운동)한다."[5]는 것이다. 즉, 궁극적 본체를 철학적 의미로 환치하면 태극太極, 도道, 천天, 생명生命의 본질, 성실誠實 등으로 그 의미를 확대해석해 볼 수 있는바, 모든 만사만물의 존재와 존재되지 않는 것의 원리로서 성리학의 기초가 되는 '리理'적 측면을 의미한다.

'리理'적 측면을 예술론적으로 말한다면 '원시성', '박樸'을 의미한다고 할 수 있다. 성리학에서 '이理는 곧 성性이다'라고 하여 그 사람의 본성을 '리理'로 규정하고 있다. 또한 예술론에서의 '박樸'은 어떤 인위적으로 가공되지 않은 원목을 말한다. 그러므로 원형을 중시하는 것은 인간이 본디 천명으로부터 품부 받은 천부성을 순수하게 지키고 그것을 표현하는 것이라 볼 수 있기에 원형을 중시하는 것은 '박'의 예술관이라고 말할 수 있다.

이것은 공자가 "지어도志於道, 거어덕據於德, 의어인依於仁, 유어예游於藝"를 통해 언급한 예술관을 추종하는 것으로, 예술가라면 그 근원으로부터 변화된 원리를 알고 그 시대의 시의에 맞게 조화를 이루며 천인감응天人感應, 천인합일天人合一의 예술경지를

5) "易有太極, 是生兩儀"『周易 · 繫辭上』

실현할 때에 진정성 있는 삶을 영위하는 것임을 강조한 것이라고 하겠다.

점획을 중시하는 서예관

송하경, 〈왕자(王鎡)의 시〉

원형을 중시하는 우산 선생의 예술관은 작품 속에 점획을 중시하는 심상心象으로 표현되고 있다. 이는 우산 선생이 2008년 성균관대학교 유학대학원 교수 정년퇴임 직전에 왕자王鎡의 시에서 '人情好惡花甘苦 世事榮枯草短長' 두 구를 행서로 작품화한 것을 통해 확인할 수 있다. 그는 이 작품에 대하여 다음과 같이 풀어놓았다.

> "좋아하기도 하고 싫어하기도 하는 사람의 감정은 마치 꽃의 향기가 달콤하기도 하고 씁쓸하기도 한 것과 같고, 번영하기도 하고 시들기도 하는 세상의 만사는 마치 풀이 짧게 자라기도 하고 길게 자라기도 하는 것과 같다."

7언 율시에서 대구의 구절은 인간의 감정과 인간이 살아가는 이치를 자연에 비유하여 은유적으로 표현한 것이다. 이 작품의 점획은 한 획 한 획이 절제된 점획으로, 한 획도 어떤 객기나 지나침이나 부족함이 없이 각각의 필획을 정성들여 성실하게 운필하였다. 이는 점획이 평면의 지면 속에서 누워 있는 것처럼 보이지 않고 입체적으로 움직이는 듯이 보이는 효과를 가져왔다. 이러한 생동적인 느낌은 서로 다른 음양의 대대적 운필 요소인 점획의 대소 · 장단 · 강약 등과 먹물의 농담 변화가 적절하게 조화를 이루는 데에서 오는 것이라 본다.

우선 1행의 '정情, 호好, 감甘, 고枯' 등의 세로획을 보면 기필과 수필이 호응을 이루되 점획을 분명히 운필하였고, 행필에서도 점획을 이었다 펼치기를 반복하였다. 또한 '호好, 감甘, 사事, 영榮' 등의 가로획을 보면 점획의 운필 방법은 세로획과 같으나 좌측보다 우측을 올라가게 하되 수필부분을 눌러서 안정감을 주고 있다. 그러면서도 점획이 변화 있게 마주보듯 호응관계로 운필하였다.

성균관대학교 경영관 좌측에 세워진 석문은 별호 없이 새겨져 있으나 '우정'의 서풍만 보아도 우산 선생의 작품임을 한눈에 알아볼 수 있다. '훈민정음해례'체로 쓴 '경영관'의 'ㅇ'을 보면 점획이 계기적繼起的으로 연결된 듯하다. 특히 '훈민정음해례'체 중에서 'ㅇ'은 공간을 꽉 채워서 쓸 수 없는데, '경'자와 '영'자의 종성 'ㅇ'이 '겨'와 '여'의 좌우 공간을 꽉 채우고 있는 것

송하경, 〈경영관〉

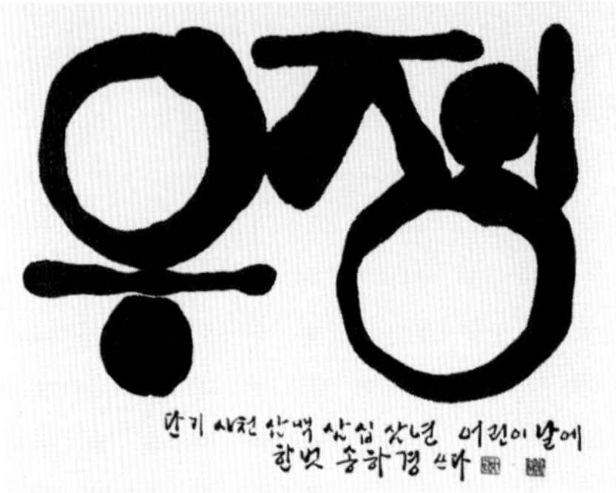

송하경, 〈우정〉

송하경, 〈효뎨례의(孝悌禮義)〉

을 볼 수 있으며 '우정'에서의 'ㅇ' 또한 모음 'ㅜ'의 폭만큼 넓은 공간을 차지하고 있음을 볼 수 있다. 이는 세종대왕이 훈민정음을 창제하여 반포하고 이를 보급하기 위해 '효뎨례의'라는 한 글자를 넣어 별전을 만들었던 '효'자와 '의'자에서 'ㅇ'이 크게 결구된 것과 유사하다. '우정'에서의 점과 'ㅇ'을 살펴보면 'ㅇ'의 필세가 점획이 계기적으로 연결된 듯한 것을 확인할 수 있으며, 가로획과 세로획도 점획이 연결된 듯하다. 작품 '무위자연無

송하경, 〈무위자연(無爲自然)〉

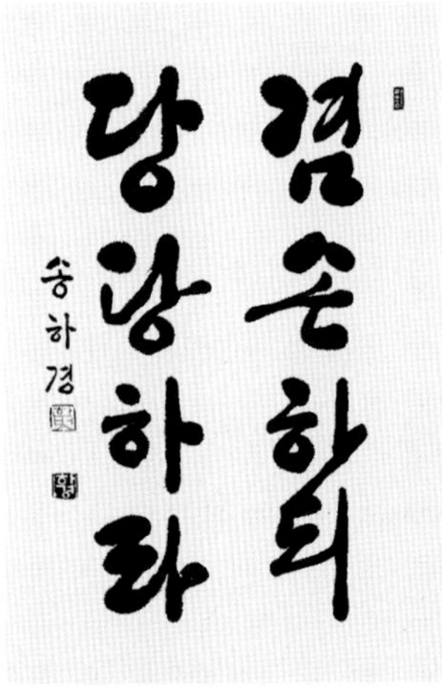

송하경, 〈겸손하되 당당하라〉

爲自然' 역시 글자와 글자가 연면 되었는데도 점획을 분명히 하고 있음을 볼 수 있다. '겸손하되 당당하라'의 한글 작품도 한문 필의 그대로 점획을 중시하고 있음을 '손', '하', '당'자에서 살펴볼 수 있다. 또 '당당하라'의 우측 점획은 크기와 공간은 비슷하나 필획의 굵기와 방향에 변화를 주어 농묵의 시간적 흐름을 보는 듯하여 글자 속에서 작가의 호흡이 느껴진다.

『훈민정음해례본』「제자해」에서는 모음자 '·'(서예에서는 점)이 '천天'을 상징하여 창작한 것[6]이라고 하였다. 그리고 이를 우주론의 기본 구조인 오행五行 가운데에 토土의 자리에 두었다.[7] 또한 이를 '7언결'로 요약하여 '토土'의 자리는 사계절의 '충기冲氣'로서 하늘 [양기陽氣]과 땅 [음기陰氣] 사이의 잘 조화된 기운으로 '·'을 노래하고 있다. 이러한 문자 창작의 철학적 원리는 곧 음과 양의 서로 다른 기가 땅에서는 질량으로 강剛과 유柔로 표현될 수 있고, 서예미학의 가치 기준으로 환치해보면 이는 점획의 결구에서는 굵기의 강약, 크기의 대소, 형태의 곡직과 결구의 소밀, 장단, 여백의 허실관계와 운필의 질삽, 먹의 농담 관계 등 음과 양의 상반된 대대對待요소가 상대를 기다려서 온전하게 하나를 이루는 상호 보완관계 혹은 호응되는 양강음유의 조화미를 생성한다.

그러므로 우주 자연의 현상을 상징화한 점획은 어느 한 순간에도 절대적인 형상을 거부하며, 변화를 통해 무한한 획형을 만들어낼 수 있는 잠재적 미의식이 내함되어 있다. 따라서 우산 선생의 서예관은 이러한 문자조형의 미학적 원리로서 점획을 중시한 것으로 이해된다.

---

6) 『훈민정음해례본』「제자해」, "·舌縮而聲深 天開於子也. 形之圓 象乎天也."
7) 『훈민정음해례본』「제자해」, "·天五生土之位也."

창신創新의 서예술관

송하경, 〈파파신(破破新)〉

우산 선생의 저서는 모두 '신新'을 언급하고 있다. 아마 20세기와 21세기에 요구되는 서예정신을 언표하기 위한 개념으로 생각된다. 『신서예시대』, 『신서예문화정신과 신속미주의서예』, 『신서예미학과 신서예정신』 등의 저서가 있다. 작품의 내용에서도 '창신創新', '구신求新', '파파신波波新' 등이 대표적이다.

『대학大學』에서는 '『대학』을 배우는 목적이 명덕明德을 밝히고 친민親民하고 지어지선止於至善하는 데에 있다'고 말하고 그에 이르는 방법으로 삼강령三綱領을 제시하였다. '명명덕明明德'은 개인의 수신이나 '친민親民'은 인간과 인간의 관계를 조화롭게 한다는 것을 의미한다. 이를 주자朱子는 '신민新民'이라 해석하여 '백성을 새롭게 하다'는 의미로 풀이하였다. 또 탕湯 임금의 목욕통에 새긴 명문에 '진실로 날로 새로워지려 한다면 날마다 새롭게 하고 또 날마다 새롭게 하라[苟日新 日日新 又日新]'고 하였다. 이것은 스스로를 경계하기 위한 말로, 즉 자기 마음을 깨끗이 씻어서 악惡을 제거하는 것은 자기 몸의 때를 제거하는 것과 같이 여긴 것이니, 이는 노자의 '척제현감滌除玄鑑'의 뜻으로 이해할 수 있다.

우산 선생이 '신新'을 중시하는 것은 이러한 고전의 경구와 같이 서예의 최고 경지, 즉 새롭게 변화하여 최고의 경지에 이르는 지어지선止於至善이 어디인지를 끊임없이 고뇌하는 것이니, 그러한 결과를 도출하려는 그의 고심을 다음 글에서 확인할 수 있다.

> "20세기말에 이르러 신서예시대가 서서히 열리기 시작하더니만 오늘의 21세기에 이르러서는 제3서예로서의 신속미주의 서예가 크게 유행할 것으로 기대된다고 하였다. 왜냐하면 지금까지의 전통적인 고전 서예가 문자조형의 단순성, 서체 변화의 무표정성, 필획 운율의 고착성, 문장 내용의 난해성, 창작 방법의 고루성, 심미표현의 한계성 등으로 인해 전문예술인들이 매우 식상해 할 뿐만 아니라, 깨어있는 일반 대중들로부터 소외당하는 현실에 직면하고 있으며, 반면에 오늘의 시대는 감상하기 쉬운 서예, 진정이 담기는 서예, 간명하고 청순하여 부담감을 주지 않는 서예, 재미있고 즐거울 수 있는 서예, 고루하지 않고 참신한 서예, 이야기가 있고 감동을 줄 수 있는 서예를 요구하고 있기 때문이다."

위의 글은 우산 선생이 '21세기의 서예가 나아갈 방향'을 제시한 것이다. 21세기에는 그 시대정신이 반영된 신속미주의 서예를 표현해야 한다는 것이다. 그것은 대중들과 소통할 수 있는 서예이어야 하는데, 이는 깨어있는 일반 대중들로부터 소외당하는 현실을 직시해야 한다는 것이다. 그리고 대중의 감상자들과 소통의 방법론으로써 '쉬운 서예'를 해야 하고, '자신의 진정이 담겨있는 서예'를 해야 하며, '간명하고 청순하여 부담감을 주지 않는 서예' 그리고 '재미있고 즐거울 수 있는 서예', '고루하지 않고 참신한 서예', '이야기가 있고 감동을 줄 수 있는 서예'를 해야 한다고 제언하였다.

이러한 신념 아래 선생은 '서예는 서書의 도道와 서書의 법法

을 구체적으로 통일 · 실현하는 서書의 예藝이다.'라고 말하고, 다음과 같이 서예에 대한 정의를 간명하게 내렸다.

> 서예는 시각 중심적 조형 활동의 가장 기저가 되는 공간형식을 배경 삼아 지知 · 정情 · 의意가 일체화된 열린 마음으로서의 순수주관본체심이 서사 도구와 서도 · 서법과의 합일로 이루어 내는 문자쓰기 행위 과정에 순간순간의 일회성적 시간형식을 개입시켜 당장의 자기진정의 개성과 자유를 표현해내는 문자 쓰기 조형예술이다. (7년만의 외출)

이 글은 2003년 11월 서울 인사동 '갤러리 라메르'에서 개인전을 열며 '자서自敍'에서 밝힌 글이다. 1965년 동양철학과를 졸업한 선생은 14년 후인 1979년에 서예개인전을 개최하였다. 근 50여년에 걸쳐 심서心書와 서단을 쇄신하고자 하였고, 학술단체를 설립하여 운영하였다. 뿐만 아니라 국제학술회와 국제적 전시회를 개최하면서 많은 경험을 통해 서예에 대한 고뇌 속에서 많은 생각과 연구경험의 온축 결과로 서예에 대한 정의를 내린 것이다.

우산 선생은 이것이 '신서예新書藝'의 개념이며, '신서예정신'의 발원처이자, '서예 본디 모습의 정체성이 확립되는 근거'라고 하였다. 선생의 '파파신破破新' 작품은 '반신문화 창조를 배격한다'는 뜻으로 풀이하였는데, 새로운 문화를 받아들이어 그 시대의 시대정신에 알맞은 서예를 하자는 선생의 신념과도 통한다. 기존의 작품에서는 점획을 원필로하여 '박미樸美'가 구현되었다면 '파파신'에서는 마치 원형을 깨뜨리듯 운필을 하여 비백과 붓이 갈라진 듯 죽필을 사용한 듯 보인다. 이것은 '신문화 창조를 배격하는 것을 반대'한다는 역설적 표현의 내용을 필획에서 문자 조형에 표현하고자 한 것으로 보인다. 하지만 이 또한 '석石'의 '口' 점획을 두 개로 축약하여 서로 호응하는 듯이 하여 조형예술로서의 원형인 점획을 분명히 하고 있음을 볼 수 있다.

우산 선생은 이 시대를 이끌어가야 할 미래의 서예는 '신속미주의서예'이어야 하며, 작품 창작은 '신서예정신'으로서 21세기에 맞는 도구로 해야 한다는 것이다. 그래서 서예로서의 문자 조형예술의 원형인 점획에 가장 충실하였고, 서예를 조형예술로 보았으나 작품의 내용에 맞는 필획을 구현하고자 하였다. 단순한 점획을 계기적으로 연결하면서 필획을 움직여 생명력을 구현하였고, 원형을 중시하는 가치관이 작품 속에 투영되어 지행합일知行合一, 내외합일內外合一되고 있음을 볼 수 있다.

※ 참고문헌 및 도록

『우산 송하경 서예작품집』, 뿌리디자인, 2003, 11, 5. 작품 : 〈우정〉

『송하경서예전』, 도서출판 不二, 1996, 10, 25. 작품 : 〈無爲自然〉

『신서예문화정신과 신속미주의서예』, 인사동문화, 2008, 3, 10.

작품 : 〈왕자시〉, 〈겸손하되 당당하라〉

『훈민정음해례본』

『주역』, 『대학』, 『논어』, 학민문화사.

송하경 지음, 『신서예시대』, 도서출판 不二, 1996.

송하경 지음, 『서예미학과 신서예정신』, 도서출판 다운샘, 2003.

山友林

김미례 철학박사(동양미학)
김민지 박사과정 수료(유학)
김서현 철학박사(가족학), 동국대 CML연구소 연구원
김윤주 철학박사(동양미학), 성대 동양철학 · 문화연구소 연구원
김정은 철학박사(예술철학), 화가
김진구 박사과정 수료, 무용가
박경희 미술학박사(시각디자인)
박주열 철학박사(동양미학), 성대 동양철학 · 문화연구소 연구원
오도열 철학박사(유교철학)
윤여태 박사과정 수료, 소설가
이필숙 철학박사(동양미학), 한양대 연구교수
장경석 철학박사(예술철학), 화가
정복동 철학박사(동양미학), 서예가
최병규 철학박사(동양미학), 고문서연구가
한상일 철학박사(유교철학)
홍효정 문학석사(유학)

山友林은 2013학년도 제2학기, 友山 宋河璟 교수의 마지막 강의 "한국미학 · 예술학 특강"을 함께 수업했던 학생들을 총칭하는 말이다. 山友는 友山 선생과 한 학기 동안 뜻을 함께했던 벗이라는 의미로 하나하나의 학생을 가리키며, 林은 숲이라는 의미로 수강생 하나하나가 모인 전체 학생을 가리킨다. 山友林은 山友會와 같은 의미이나 조금 格이 높다 하겠다.

〈창덕궁 야외수업〉

〈성균관대 퇴계인문관 강의실에서〉

송하경 宋河璟

別號 : 友山. 三乎齋主人, 秋水鶴影室主人, 靑老, 한벗

: 출생 및 가족사항

송하경 교수는 1942년 10월 14일(실제는 1941년 음력 辛巳 9월 5일), 서예가이신 여산송씨 剛菴 宋成鏞 선생과 전의이씨 李道男 여사의 4남 2녀 중 차남으로 전라북도 김제시 백산면 상정리 요교부락(일명 여꾸다리)에서 태어나, 李起仁 여사(약사)와 결혼하여 1남 2녀를 두다.

자녀

碩模 (한의사, 한의학박사)
秀賢 (문화재학 박사)
美賢 (변호사)

형제 자매

福順 (농업에 종사)
河徹 (전주시장, 전라북도 부지사 역임)
河璟 (성균관대 유학과 교수, 유학대학장, 유학대학원장 · 박물관장 역임. 문학박사)
河春 (고려대 국문학과 교수, 문과대학장 역임. 소설가. 문학박사)
賢淑 (서예 · 문인화가)
河珍 (전주 시장 역임, 현 전라북도 지사. 행정학박사)

: 병역 사항

1963년 3월 제3기 학군단(ROTC)에 선발되어 2년간의 군사교육을 받고 1965년 2월 육군 보병 소위로 임관, 육군보병학교 교육과정을 마친 후 육군 제1사단 15연대 소대장으로 복무 중 1967년 4월 육군 보병 소위로 전역하다.

: 학력

초등학교 입학 전 6세 때 부터 유학자이자 서예가이셨던 조부 裕齋 宋基冕 선생의 슬하에서 千字文, 四字小學, 啓蒙篇 · 小學 등을 배우며 서예의 기초를 손과 눈으로 익히기 시작하다. 고등학교 학생이 되어서는 서예가이셨던 부친 剛菴 宋成鏞 선생으로부터 마음과 말씀으로 서예의 정신을 배우다.

종정초등학교 (1948.3 ~ 1954.2)
원광중학교 (1954.3 ~ 1957.2)
남성고등학교 (1957.3 ~ 1960.2)
성균관대학교 문과대학 동양철학과 (1961.3 ~ 1965.2. 문학사)
자유중국 국립대만대학교 철학연구소 (1968 ~ 1971.1. 문학석사)
자유중국 국립대만사범대학교 국문연구소 (1980.9 ~ 1986.8. 문학박사)
박물관 · 미술관 3급 정학예사 (2003.10. 예술학)

: 교육 경력

- 국립전북대학교 교양과정부 강사 (1971.3.9 ~ 1971.8.30)
- 성균관대학교 문과대학 유학과 조교 (1971.10.1 ~ 1972.2.28)
- 국립전북대학교 교양과정부 강사 (1972.3.14 ~ 1974.2.28)
- 국립전북대학교 교양과정부 전임강사 (1974.4.4 ~ 1976.12.31)
- 국립전북대학교 문리과대학 철학과 조교수 (1977.1.1 ~ 1981.9.30)
- 국립전북대학교 문리과대학 철학과 부교수 (1981.10.1 ~ 1985.2.30)
- 성균관대학교 유학대학 유학과 부교수 (1985.3.1 ~ 1986.9.30)
- 성균관대학교 유학대학 유학과 교수 (1986.10.1 ~ 2008.2.30)
- 성균관대학교 유학대 유학과장, 유학대학원 서예학전공 주임
- 성균관대학교 유학대학장, 유학대학원장 (1991.2.1 ~ 1993.1.31)
- 성균관대학교 박물관장 (1998.2.1 ~ 2003.1.31)
- 성균관대학교 유학동양학부 서예문화연구소장 (2004.9 ~ 2008.2)
- 성균관대학교 유학대학 유학과 명예교수 (2008.3 ~ 현재)

: 학회 주요 활동

- 한국사상사학회 부회장 (1991.1 ~ 1993.2)
- 한국동양철학회 부회장 (1992.1 ~ 1995.12)
- 동양철학연구회 회장 (1995.1 ~ 1997.12)
- 한국양명학회 제1 · 2대 회장 (1995.4 ~ 1999.4)
- 한국서예학회 초대회장 (1998.2 ~ 2000.5)
- 대한철학회 부회장 (1998.6.1 ~ 2000.5)
- 한국동양예술학회 제1 · 2대 회장 (1999.10 ~ 2003.8)
- 동아시아문화포럼 제1~5대 회장 (1998.8 ~ 2008.2)
  반년간 학술지「동아시아문화와 사상」편집인 겸 주간
- 통일문화학회 공동대표 (2000.7 ~ 2006.6)
- 한국서예비평학회 제1~5대 회장 (2007.3 ~ 2015.2)

: 공공기관 및 사회단체 주요 봉사 활동

- (사)한국미술협회 이사 (1986.2 ~ 1989.2)

- (재)예술의전당 서예관 운영위원 (1987.4 ~ 1992.3)
- 서울지하철공사 미술관 자문위원 (1988 ~ 2010)
- 성균관 유교제도개혁특별위원회 위원 (1994)
- 성균관 전례연구위원 (1994)
- 국제유학연합회 이사 (중국 북경, 1994 ~ 2010)
- 아시아 종교회의 서울평화교육센터(KCRP) 이사 (1995 ~ 2000)
- 서울시립미술관 운영자문위원 (1995.4 ~ 1999.2)
- 고등학교 2종교과서(한문) 검정심사위원(교육부, 1995.7 ~ 1997.7)
- 추사김정희선생기념사업회 이사 · 상임이사 · 부회장 (1995 ~ 2001)
- 국립중앙박물관 유물구입 심의위원 (1996.6)
- (사)세계서예전북비엔날레 제1 · 2 · 3대 조직위원장 (1996.8 ~ 2002.8)
- 서울시립미술관 이전추진자문위원 (1997 ~ 1998)
- 한국서예단체협의회(서협 · 서가협 · 미협 · 서예학회) 의장 (1998.3 ~ 11)
- (사)남북코리아미술교류협의회 부이사장 (1998 ~ 2004)
- 서울시립미술관 유물구입 심의위원 (1999.11)
- 국립중앙박물관 유물구입 심의위원 (2001.3)
- 성균관대 유학대학총동문회장 (2002 ~ 2004)
- 성균관대학교 총동창회 이사 · 상임이사 · 부회장 (2002 ~ 2014)
- 한국학술진흥재단 학술연구심사평가위원 (2002.3 ~ 12)
- 서울대학교 박물관 "근역서휘 · 근역화휘 특별전" 전시자문위원 (2002.2 ~ 5)
- 국립중앙박물관 제1회 학예연구직 특별채용시험 출제위원 (2002.9)
- 서울시 문화상 심사위원 (2002.10)
- 서울시 "인문장학생" 선발위원 (2005.12.20 ~ 27)
- 문화재위원회 위원 (문화재청, 2012.3 ~ 2014.4)
- (재)강암서예학술재단 이사장 (2017.3 ~ 현재)

: 서예공모전 운영위원 및 심사위원

- 대학미전 심사위원 (1982 조선대, 1992 중앙대)
- 전북도전 심사위원 (1987)
- 제주도전 심사위원 (1987)
- 한국서예 청년작가초대전 심사위원 (예술의전당 서예관, 1987.11)
- 제1회 서예대전 심사위원 (월간서예, 1988.6)

- 전북도전 운영위원 (1998)
- 인천시 서예대전 (한국서협, 1989.11)
- 대한민국 서예대전 운영위원 (한국서협, 1990.10)
- 제1회 대한민국예술대전 심사위원장 (1991.5)
- 제1회 대한민국 현대서예문인화대전 운영위원장 (1992.9)
- 대전EXPO 국제서예대전 자문위원 (1992.8)
- 동아미술제 운영위원 (동아일보, 1993 ~ 1994, 2000 ~ 2004)
- 제1회 한국서예청년작가전 심사위원 (예술의전당, 1993)
- 제1~4회 서울서예대전 추진위원 (서울시립미술관, 1993 ~ 1996)
- 서울정도600주년기념 서예큰잔치 기획자문위원 (예술의전당, 1994)
- 추사선생 추모전국휘호대회 심사위원 (1994.10)
- 대한민국서예대전 심사위원장 (한국서협, 1997.7)
- '98동경베세토 국제서화전 한국추진위원 (1998.6)
- 광주비엔날레 포스터제자 "人+間" 심사위원 (1994.4)
- 대한민국 현대서예문인화대전 심사위원장 (현대서예문인화협회, 1999.10)
- 강암서예대전 심사위원장 (강암서예학술재단, 2000 ~ 2015)
- 동아미술제 심사위원장 (동아일보, 2001.4)
- 대한민국서예대전 운영위원 (한국서협, 2002.4)
- 대구서예대전 심사위원장 (한국서협, 2002.4)
- 제2회 추사서예공모대전 심사위원장 (과천문화원, 2005.8)
- 대한민국서예대전 심사위원장 (한국서협, 2018.4)

: 개인전

- 제1회 서예 개인전 (1979.8. 전북여성회관)
- 제2회 서예 개인전 (1983.11. 전북예술회관)
- 제3회 서예 개인전 (1987.2. 미국 로스엔젤레스 Simmonson 화랑(구 삼일장) 초대전)
- 제4회 서예 개인전 (1996.11. 동아일보사 일민문화관)
- 제5회 서예 개인전 (2003.11. 갤러리 라메르)
- 제6회 송성용 · 송하경 부자 서화전 (2006.1. 중국 호북미술관)
- 제7회 서예 개인전 (2008.4. 갤러리 라메르)

: 주요 전시회 참여

- 대한민국 미술대전(약칭 국전) 입선 9회, 특선 1회를 거쳐 '82한국현대미술 초대작가(국립현대미술관)가 되다.
- 1982 한국현대미술 초대전 (1982. 국립현대미술관)
- 한국 서화 중견작가 초대전 (1983. 전북예술회관)
- 전북출신 초대작가 미술전람회 (1984.4. 전북문화연구소)
- 한국서화작가 133인 특별초청전 (1984. 장안사회복지회)
- 1984 한국현대미술 초대전 (1984.5. 한국현대미술관 덕수궁)
- 제4회 진묵회전 출품 (1984.8. 세종문화회관)
- 전주문화방송 창설 20주년 기념전 (1985.4. 전북예술회관)
- 1985 한국현대미술 초대전 (1985.5. 덕수궁 국립현대미술관)
- 제5회 진묵회전 출품 (1985.11. 전북예술회관)
- 한중 2문연의전 (1985. 문예진흥원 전시실)
- 제20회 한국미술협회전 (1986.7. 국립현대미술관)
- 한문 성경구 서예작품전 (1986.7. 세종문화회관)
- 1987 한국현대미술 초대전 (1987. 국립현대미술관)
- 제7회 진묵회전 (1987.9.1. 세종문화회관)
- 매헌 윤봉길의사 의거 55주년 기념 및 기념관 건립 기금모금전 (1987.4.28. 세종문화회관)
- 독서를 주제로 한 서예작품전
  (1987.9.24. 미술문화원 · 한국출판문화협회 공동주최, 교보문고)
- 1988 한국미술협회 회원전 (1988.3. 한국미술협회)
- 제1회 동림서계전 (1988.3. 아랍미술관)
- 제4회 한중일 국제예술문화교류전 (1988.4. 아랍미술관)
- 제8회 진묵회전 (1988.6. 전주예술회관)
- 1988 국제현대서예전 (1988.9. 예술의전당 서예관)
- 1989 한중일 서울국제회화제 (1989.4. 동덕미술관, 동서문화협회)
- 국제예술문화교류협회전 (1989.4. 동경제일한국문화원)
- 1989 서울국제회화제 (1989.4. 동덕미술관)
- 중국 제4회 전국서예전각전 (1989.7. 대만 중국미술관)
- 한국서예 국전 30년전 (1990.5. 예술의전당 서울서예박물관)
- 독일 종이발명 600주년 기념 세계서예전 (1990.11. 독일교통박물관)
- 제4회 성우동연전 (1990.12. 세종문화회관 전시실)

- 남북코리아서화전 (1991.5. 북경 아시아올림픽회관)
- 전북대 발전기금 모금 서화전 (1992.11. 전북대학교)
- 한국서예 100인전 (1993.2. 예술의전당 서울서예박물관)
- 서울서예대전 (1993~1998. 서울시립미술관)
- 서울정도 600주년기념 서울주제 서예큰잔치 (1994.9. 예술의전당)
- 타이페이 국제서법초대전 (1994.9. 중화문화부흥운동총회)
- 한글서예의 오늘과내일전 (1996.8. 예술의전당 서울서예박물관)
- 전북서예, 어제와 오늘전 (1996.8. 강암서예관)
- 제1회 전주MBC 중진작가 초대전 (1996.12. 삼양문화공간)
- 1997 세계서예전북비엔날레 (1997.1. 전북예술회관)
- 1998 동경 베세토 국제서화전 (1998.12. 강호 동경박물관 기획전시실)
- 성유서회전 (1998.11. 운현궁미술관)
- 연묵회 창립30주년 기념전 (1998. 백악미술관)
- 1999 세계서예전북비엔날레 (1999. 전북비엔날레조직위원회)
- 전북 도제100주년 기념전 (1996.8. 강암서예관)
- 불의 무의탁 노인돕기 기금마련 서예전 (사회복지법인 恩助)
- 아름다운 한글서예 미국전 (2001.3. 하와이대학 특별전시관)
- 21세기 한국서예문인화가초대전 (2001.11. 성균관대 박물관)
- 성균서도회 창립40주년기념전 (2003. 성균관대 전시실)
- 한글글씨펼침전 (2003.10. 교보문고 강남점 · 한글문화연대)
- 한글 알림 중국전 (2005.10. 주중 한국문화원)
- 2005 세계서예전북비엔날레 (2005.10. 한국소리의문화전당)
- 한국서도 특별초대전 (2005.12. 예술의전당)
- 전북서예의 역사와 동향전 (2005.9. 전북도립미술관)
- 고뇌하는 한국서예가 100인의 모습 (2006.2. 경향신문)
- 성균관대 서예문화연구소와 북경대 서법예술연구소 교류전 (2006.5. 성균관대 박물관)
- 성유서회전 (2006.6. 성균관대 전시실)
- 제3회 한중서예대전 (2006.10. 북경 수도박물관)
- 한중 서예명가 초대전 (2006.12. 주중 한국대사관 문화원)
- 강암연묵회전 (2006.12. 백악미술관)
- 3국4교 문화서예 국제교류 중국전 및 국제학술회의 (성균관대 서예문화연구소, 일본 대동대 서도예술연구소, 중국 강남대 서법예술 연구소 2007.9.2 ~ 9.7. 중국 강남대 미술관)

- 2007 세계서예전북비엔날레 (2007.10. 한국소리문화의전당)
- 아름다운 한글서예 중국전 (2007.10. 중국 소흥 월수외국어대)
- 제8회 중국예술절 국제서예명가전 (2007.11. 중국 무한 호북미술관)
- 경희대학교 개교 60주년 기념 60인 서예가 초대전 (2009.6. 경희대 중앙박물관)
- 김대중 대통령 서거1주기 추모 어록전 (2010.8. 김대중 평화센터)
- 성유서회동행전 (2011.8. 성균관대 전시실)
- 2011 세계서예전북비엔날레 (2011.10. 한국소리문화의전당)
- 한중서예명가초대전 (2011.11. 동방문화교류협회)
- 한중수교 20주년기념 한중명가전 (2012.10. 인사동 한국미술관)
- 2013 세계서예전북비엔날레 (2013.10. 한국소리문화의전당)
- 성균서도회 창립50주년 기념전 (2013.3. 인사동 한국미술관)
- 성균서회전 (2013.9. 성균관대 전시실)
- 중한서화명가전 (2013.10. 주한 중국문화원)
- 남북코리아명인미술대전 (2014.10. 인사동 한국미술관)
- 한중미술대전 (2015.4. 국회의사당 전시관)
- 한국서예가협회전 (2015.8. 백악미술관)
- 남북코리아명인미술대전 (2015.10. 인사동 한국미술관)
- 성균서도회 100회 기념전 (2016.6. 인사동 한국미술관)
- 성유서예동행전 (2016.9. 성균관대 전시실)
- 제32회 국제난정필회전 (2016.11. 국제난정필회)
- 한 · 중 · 일 · 대만 국제서예전 (2016.12. 진천판화미술관)
- 오늘의 한국서예전 (2017.6. 예술의전당 서울서예박물관)
- 2017 세계서예전북비엔날레 (2017.10. 전북비엔날레)
- 강암연묵회 창립50주년 기념전 (2018.4. 전주소리문화의전당)
- 2018 평창 동계올림픽 기념 세계미술축전 (2018.8. 인사동 한국미술관)
- 성유서예동행전 (2018.10. 성균관대 전시실)
- 전라남북도 서예문인화 명가초대전 (2018.11. 전북예술회관)
- 한 · 중 · 일 서예술 2018 평화 MESSAGE전 (2018.8. 인사동 한국미술관, 인터넷방송)
- 갤러리 미래 개관기념 초대전 (2018.12. 한국서가협회)
- 원교이광사 서맥전 (2019.3.17. 완도신지도 문화센터)
- 강암연묵회전 (2020.6. 전주소리문화의전당)
- 제53회 강암연묵회전 (2021.5.1. 글씨21 온라인갤러리, 월간서예지상전)
- 제14회 성우동연전 (2021.7.15. 백악미술관)

- 광개토대왕비, 필혼을 깨우다.
  (2021.9.3 ~ 10.30. 예술의전당 서예관, 한국서예단체 총연합회)
- 성유서회전 (2021.11.8 ~ 18. 성균갤러리 및 백악미술관)
- 원교 이광사 서맥전 (2021.11.18 ~ 30. 완도군 신지면 문화체육센터, 완도읍 완도문화 예술의 전당, (사)원교 이광사 기념사업회

: 주요 금석문 및 현판서

- 顧齋李秉殷先生紀蹟碑 (1970)
- 梧下李奎弘義兵將紀念碑 (1983)
- 海鶴李沂先生獨立運動紀念碑 (1983. 후면서)
- 湛樂堂下煜三宜堂金氏夫婦詩碑 (1983)
- 白菱蔡萬植先生文學碑 (1984. 후면서)
- 青松柳公碑文 (1984)
- 玄潭柳正東先生追慕碑 (1985)
- 贈嘉善大夫吏曹參判晉州柳公碑碣銘 (1985)
- 黙菴尹逸柱大法師紀蹟碑 (1986)
- 全國十三道倡義大陣所總代將 中南李麟榮先生語錄碑 (1989)
- 甲午東學革命百周年紀念塔 (1997.5)
- 강감찬장군기마동상 명문 (1997.10)
- 象山數學館 (1998.10. 서울대)
- 武愍公黃進將軍梨峴大捷碑 (1999)
- 宣武原從功臣李公ㅁ神道碑 (1999)
- 樂古齋 현판서 (2003)
- 鷗波白貞基義士追慕碑 (2003)
- 聽義堂 현판서 (2003)
- 鷗波紀念館 현판서 (2003)
- 義烈門 현판서 (2003)
- 崇義門 현판서 (2003)
- 大芚山安心寺一柱門 현판서 (2003)
- 博物館 현판서 (2003. 성균관대학교)
- 백양촌(신근)선생시비 (2003)
- 大匡輔國崇祿大夫議政府左議政 靖溫公韓興一神道碑 (2004)

- 祇園禪院 현판서 (2006)
- 地藏殿 현판서 (2006. 전북 부안 來蘇寺)
- 交河樓 현판서 (2006. 파주)
- 紙之鄕 현판서 (2007. 파주출판단지)
- 剛菴宋成鏞先生의 墓碑 (2008.4. 김제시)
- 剛菴宋成鏞先生書碑 후면서 (2008.4. 김제시)
- 退憂堂金壽興先生遺蹟碑 (2008.11. 포항시)
- 韓國儒林獨立運動巴里長書碑 (2009)
- 金堤趙公河水之碑 (2009)
- 志山金吉洛博士學德紀念碑 (2009)
- 靑南亭 현판서 (2009. 경남 합천)
- 靑南精舍 현판서 (2009. 경남 합천)
- 實甫金榮秀紀念館 현판서 (2009. 합천)
- 全羅門 현판서 (2011. 繼義兵大將竹溪公 崔慶長先生碑一柱門)
- 正祖大王越松亭詩 현액서 (2011, 울진 월송정)
- 柏松圖書館 현판서 (2011)
- 儒學大學 (2012. 성균관대 유학대)
- 日新又日新 우리말풀이 校是碑 (2013. 평택 비전고등학교)
- 山橘齋 (2014. 제주시)
- 羅州吳氏始祖高麗太祖國舅 三重大匡多憐君碑 (2016)
- 燕巢門 현판서 (2016. 나주오씨 제실)
- 梅堂吳公諱淵之孝行碑 (2017)
- 崇慕亭 현판서 (2017)
- 文會樓 현판서 (2018. 전북대학교 70주년 기념건축물)

: 주요 국제 서예교류전 및 학술회의 발표

- 타이페이 국제서예 초청전 및 국제서법학 연토회
  (발표주제: 1980년대 이후 한국서단의 동향과 미래 전망, 1994.9.30. 중화문화 부흥운동 총회 · 중화민국서학회)

- 제9차 중국학 국제학술회의
  (발표주제: 劉邵 「人物志」의 미학적 고찰, 1989.8.17. 이화여대 경영관)

- 2000년 한국양명학회 국제학술회의
(발표주제: 21세기 양명학의 역할 –양명학정신의 포스트모더니즘적 이해, 2005.5.19. 충남대학교 문과대 세미나실)

- 2001 세계서예전북비엔날레 및 국제학술회의
(발표주제: 21세기 신서예미학정신 – 線을 넘어 合으로, 2001.10.6. 소리문화의 전당)

- 심미와 예술교육 국제학술 토론회
(발표주제: 「이광사의 서예미학적 경향」, 2002.8.19. 중국 산동대학 문예미학 연구중심)

- 2002 아시아 예술학회 한국대회
(발표주제: 「서예의 유한성과 무한성」, 2002.9.15. 부산시청 국제회의실)

- 한국동양예술학회 · 연변대예술학원 공동학술회의
(발표주제: 서예 개념의 한국적 정의, 2004.7.23. 중국 연변대학)

- 한국서예학회 · 연변서법가협회 공동 서예학연토회
(발표주제: 세계화시대 서예문화의 지향, 2004.7.24. 중국 연변대학)

- 제1회 양명학 국제학술회의
(발표주제: 원교 이광사의 미학사상, 2004.10.16. 한국양명학회)

- 한중 서예전 및 서예학술 연토회
(발표주제: 이광사 서예미학사상의 형성배경과 전개, 2006.1.1. 성균관대 서예문화연구소 · 중국 호북미술대 공동 주최, 호북미술대 미술관)

- 한중 예술 심층 논단
(발표주제: 세계화시대의 열린 서예문화, 2006.12.1. 주중 한국대사관 문화원)

- 성균관대 서예문화연구소 · 북경대 서법연구소 서예전 및 공동 학술회의
(발표주제: 21세기 한국서예문화의 비판적 고찰)

- 三國四校 문화서예 국제교류 중국전 및 國際高等院校文化高峯論壇
(발표주제: 21세기 신서예정신과 映像서예, 2007.9.2. 중국 無錫市 江南大學, 3국4교: 북경대 서법예술연구소, 성균관대 서예문화연구소, 강남대 서법예술구소, 일본 대동대 서도예술연구소)

- 한중 고위급 예술가 포럼 (발표주제: 서예의 대중화와 산업화, 2008.9.4. 북경)

- 2019 세계서예전북비엔날레 및 국제학술회의
(발표주제: 石濤畵語錄의 書藝論的 轉繹, 2019.10.12. 전북 소리문화의전당)

: TV 방송 비디오

- 1997년 1월 1일 KBS2 TV 아침 6시 55분, 丁丑年 신년휘호
- 2000년 1월 10일 (12시10분 ~ 13시00분)
  TV명인전 (KBS 2TV 송하경 편) 방영 – 열림과 부드러움의 글씨
- 1995년 8월 10일 (오후 8시 10분 ~ 50분) EBS(교육방송)
  "나의 학창생활 – 선비의 삶 송하경", 대담방송

잡지 기사

- 월간 QUEEN 1991.1월호, 송하경 교수 – "핸드폰, 삐삐세대에 나도 할말 있다."
- 월간 新東亞 인문초대석 1997년 1월호"신서예시대를 여는 유학자 宋河璟"
- 한국현대인물열전33선 (2003.7. 한국인물연구원)
- 월간 New Media 2012년 1월호 표지사진 신산업경영원 간행 포럼/송하경 성균관대 명예교수 "왜 이제 인문학인가"
- Weekly 주간인물 2010 신년호 표지사진 창간19주년 신년호 "서구화에 지친 현대사회에 유학을 통해 구체신용의 미덕을 실천하는 사람 송하경 성균관대학교 유학과 명예교수"
- 서예전문 웹매거진 글씨21 "원로에게 길을 묻다 –우산 송하경 편–"

: 시대 · 사회 · 문화의 새로운 변혁을 위한 작은 실천

- 1986년 4월 10일, 대통령 직선제를 위한 개헌과 민주화를 위한 교수 건의서 "현시국에 대한 우리들의 견해"에 동참 서명하다.
- 1987년 4월 30일, 전두환 대통령의 "4 · 13 개헌논의 보류" 담화에 대한 교수들의 "민주화 촉구 시국 성명"에 동참 서명하다.
- 각종 비리와 모순, 안일과 매너리즘에 빠져있는 한국 서단문화의 기존의 제도, 질서, 권위, 가치, 경험, 창작, 의식 등에 대한 반성적 개혁과, 새로운 제도, 새로운 질서, 새로운 권위, 새로운 가치, 새로운 경험, 새로운 창작, 새로운 의식 등의 확립을 통해 보다 대중적이며 참신하고 수준 높은 서예문화를 창출 · 건설하고자 낡고 병든 (사)한국미술협회로부터의 서예분과 분리 · 독립과, 하나로 통합된 (사)한국서예협회 창립의 기치를 높이 들고, 1989년 "월간서예" 1월호에 "지금은 바뀌고 변할 때다"를 발표한 후 즉시 "한국서예협회 창립준비위원회"를 결성, 3개월 여에 걸친 전국적 홍보활동(순회 강연, 각종 신문매체, 라디오와 TV 출연 등)을 전개한 끝에 4월 9일에 1400여 서예가들의

환호 속에 예일여고 강당에서 "한국서예협회"를 창립하다. 이와 동시에 이사장의 직을 비롯한 여타의 직을 일절 맡지 않고 본업인 대학 강단으로 돌아와 강의와 연구에 정진할 것을 선언하다.

- 2011년 7월 19일, 제2회 "원곡서예학술상" 수상을 통보받았으나, 서예상 수상자 선정의 원칙도 기준도 없는데다, 학문적 무자격 선정위원들에 의해 수상자가 심사 · 선정되고, 명예와 돈을 얻는 일이라면 그 질서를 잃어버리는 몰염치행을 자각케 하여 시상과 수상의 참의미를 되새겨 보도록 하고자 정중히 사양하다.
- 2013년 10월 5일, '세계서예전북비엔날레 공로상'(상금1천만원)을 수상하였으나, 앞으로 예견되는 수상자 내지는 비엔날레 조직원들끼리 돌아가며 수상하게 되는 가능성과 그에 대한 세간의 오해를 미연에 방지하기 위해 정중히 사양하다.
- 인문학, 특히 심미교육과 동아시아 미학적 인문학의 발전 없이는 인간의 정서적 안정과, 서예를 비롯한 모든 예술이 바람직스럽게 발전할 수 없다는 신념으로 한국양명학회(1995), 한국서예학회(1998), 동아시아문화포럼(1998), 한국동양예술학회(1999), 한국서예비평학회(2007) 등을 창립하고, 성균관대학교 유학대학원에 서예학 전공(2000, 석사과정), 일반대학원 유학과에 동양미학 전공(2002, 박사과정)을 개설하여 많은 미학도를 양성하고, 동아시아 미학적 인문학의 연구 · 발전에 노력을 기우리다.

: 저서 · 번역서 및 기타

저서

- 신서예시대 (1996.10. 도서출판 불이)
- 서예미학과 신서예정신 (2003.11. 도서출판 다운샘)
- 세계화 바람 앞의 동아시아 정신 (2009.2. 도서출판 다운샘)
- 내 생각이 고루한가 (2015.6. 도서출판 다운샘)
- 삶과 마음의 일필휘지 (2021.12. 도서출판 다운샘)
- 서예미학 산고 (2022.1. 도서출판 다운샘)
- 서예비평 (2022.1. 도서출판 다운샘)
- 신서예정신 (2022.1. 도서출판 다운샘)

공저

- 조선조 성리철학의 구조적 탐구 (2001.1. 성균관대 출판부)
- 왕양명철학연구 (2001.3. 청계출판사)

번역서

- 태극도설(周敦頤 지음, 세계의 대사상(30), 1974.12. 휘문출판사)
- 전습록(王陽明 지음, 세계의 대사상(30), 1974.12. 휘문출판사)
- 중국철학사(중국철학사화, 張起鈞 · 吳怡 공저, 1984.2. 일지사)
- 양명학통론 (공역, 楊國榮 지음, 1994.3. 도서출판 박영사)

전시도록

- 우산 송하경전(1983.11. 대흥출판사)
- 송하경 서예전 (1996.1. 도서출판 불이)
- 우산 송하경 서예작품집 (2003.10. 뿌리디자인)
- 송성용 · 송하경 부자서화전 (2006.1. 인사동문화)
- 신서예정신과 신속미주의 서예 (2008.3. 인사동문화)

박사학위 논문

陽明心學之硏究 (中文 · 1986)

※ 위의 사항들과 관련된 년 · 월 · 일이나 기타 숫자는 잘못된 기록이나 기억, 또는 오타로 인해 오류가 있을 수 있습니다.

마지막 수업의 여운

2021년 12월 20일 초판1쇄 인쇄
2021년 12월 27일 초판1쇄 발행

저　자 / 山友林
책임편집 / 박주열　이필숙
편　집 / 이아임디자인
발행인 / 김영환
발행처 / 도서출판 다운샘

05661 서울특별시 송파구 중대로27길 1(오금동)
전화 / (02)449－9172　팩스 / (02)431－4151
E-mail / dusbook@naver.com
등록 / 제1993-000028호

ISBN 978-89-5817-503-2　03800

정가 15,000원